Le Copywriting Héroïque : Dominez votre marché avec les Pouvoirs des Mots

Le livre sur le Copywriting où c'est vous le héros du livre !

Sommaire

Note de l'auteur

Chaque chapitre est conçu pour être informatif, amusant et facile à comprendre, avec des exemples concrets et des conseils pratiques. En utilisant le pouvoir du storytelling et du copywriting, j'ai créé un voyage passionnant pour le lecteur, où il devient le héros de son propre succès commercial.

Préparez-vous à découvrir les secrets du copywriting héroïque et à transformer votre entreprise en une force inarrêtable sur le marché.

J'ai également écrit ce livre de manière à ce qu'il soit le plus clair et concis possible, évitant les paragraphes ou les chapitres à « rallonge » pour donner l'illusion d'une épaisseur visuelle, et ainsi faire croire qu'il est « complet », pour que vous en « ayez pour votre argent ».

En effet, souvent, les personnes peuvent penser qu'un livre volumineux avec plusieurs centaines de pages est un ouvrage de « qualité », tandis qu'un livre d'une « seule centaine » de pages est perçu comme manquant de contenu réel et n'apportant que peu de valeur.

C'est pourquoi, à travers cette démarche volontaire, j'ai cherché à créer un livre aussi concis que possible, condensant au maximum les conseils et les connaissances que j'ai accumulés.

L'objectif est que vous puissiez naturellement et efficacement tirer le meilleur parti de ces informations pour les appliquer rapidement dans votre entreprise et en tirer profit.

C'est d'ailleurs un élément important en copywriting d'écrire de manière concise et percutante, où chaque mot a sa place et son rôle pour pouvoir rapidement faire réagir le lecteur.

J'espère que cette démarche correspondra à vos attentes, car elle va à l'encontre de celle de la plupart des écrivains.

Introduction

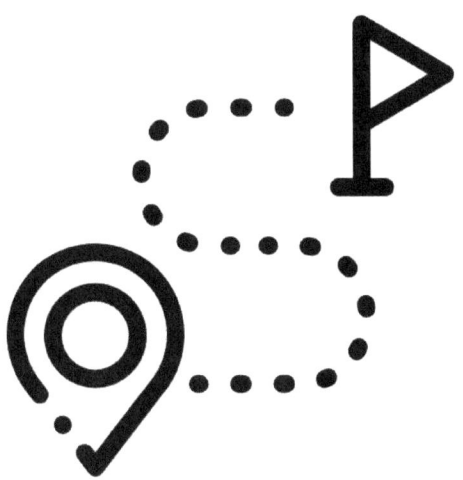

P réparez-vous à embarquer dans une aventure épique au cœur du copywriting et à devenir le héros de votre propre succès commercial. Ce livre est conçu pour vous offrir une expérience pédagogique unique et accessible, où le copywriting devient à la portée de tous.

Bienvenue dans « Le Copywriting Héroïque : Dominez votre marché avec les Pouvoirs des Mots » !

Dans ces pages, je vous guiderai à travers chaque étape essentielle du copywriting, du développement de votre avatar client à la création de pages de vente percutantes.

Peu importe votre niveau de connaissance en marketing ou en copywriting, vous découvrirez les clés pour propulser votre entreprise vers de nouveaux sommets.

Mon objectif est de vous montrer comment utiliser les mots avec brio pour attirer, captiver et convaincre votre audience.

Je crois fermement que chacun de nous possède le potentiel de créer une entreprise prospère.

Vous avez le pouvoir de transformer votre entreprise grâce aux mots, et je vais vous révéler les secrets pour y parvenir.

Ce livre repose sur le concept du « voyage du héros », une structure narrative puissante popularisée par le célèbre mythologue Joseph Campbell.

Vous êtes le héros de cette histoire, et chaque chapitre sera une étape essentielle de votre progression vers la maîtrise du copywriting.

Imaginez-vous plongé dans une aventure captivante.

Au début de votre voyage, vous découvrirez l'importance du copywriting et comment il peut impacter votre entreprise.

LE COPYWRITING HÉROÏQUE

C'est le point de départ de votre quête, où vous réaliserez que vous avez le pouvoir de transformer votre entreprise grâce aux mots.

Vous rencontrerez des mentors à travers les chapitres, qui vous guideront et vous transmettront leurs connaissances.

Vous serez armé des techniques et des stratégies du copywriting pour affronter les défis et les obstacles que tout héros doit surmonter.

Chaque chapitre sera une étape importante de votre développement en tant que copywriter.

Vous aurez l'opportunité d'appliquer les enseignements dans des exercices pratiques, renforçant ainsi vos compétences et votre confiance.

Tout au long de votre voyage, vous découvrirez des exemples concrets qui illustrent comment les concepts du copywriting peuvent être appliqués dans diverses situations et industries.

Ces exemples vous aideront à visualiser comment utiliser les techniques de copywriting dans votre propre entreprise.

Finalement, lorsque vous arriverez à la fin de ce livre, vous serez transformé.

Vous aurez acquis une compréhension approfondie du copywriting et les compétences nécessaires pour rédiger des pages de vente percutantes, des séquences mails convaincantes et bien plus encore.

Vous serez prêt à relever les défis du marché et à développer une entreprise florissante grâce au pouvoir des mots.

Ce livre vous offre une feuille de route claire et visuelle pour vous aider à visualiser votre progression et votre apprentissage du copywriting.

Ne vous inquiétez pas si vous êtes novice en marketing ou en copywriting.

Ce livre est spécialement conçu pour les débutants.

Je vous expliquerai les concepts de manière claire, concise et facilement applicable.

Chaque technique que nous aborderons sera accompagnée d'exemples concrets et d'exercices pratiques pour que vous puissiez les mettre en œuvre immédiatement.

Au fil des pages, vous découvrirez les bénéfices inestimables du copywriting pour votre entreprise.

Vous apprendrez à adapter votre contenu et vos offres à votre avatar client, ce qui augmentera vos taux de conversion et votre chiffre d'affaires.

Vous développerez une voix unique et puissante qui vous démarquera de vos concurrents.

Et surtout, vous découvrirez comment le copywriting peut vous propulser vers le succès que vous méritez.

En conclusion, « Le Copywriting Héroïque » est bien plus qu'un simple livre sur le copywriting. C'est une invitation à un voyage captivant où vous devenez le héros de votre propre succès commercial.

Je vous encourage à plonger dans ce monde fascinant du copywriting et à exploiter tout son potentiel pour transformer votre entreprise.

Êtes-vous prêt à vous lancer dans cette aventure palpitante ? Alors, allons-y !

« Le Copywriting Héroïque » vous attend pour vous révéler les secrets des mots qui vendent et conquérir votre marché.

Chapitre 1

Les fondements du copywriting : éveillez le pouvoir des mots

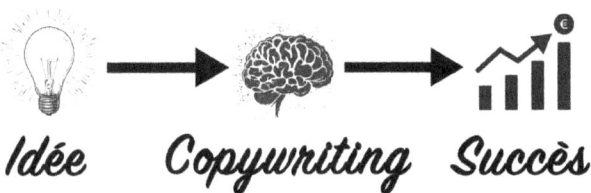

Bienvenue dans le premier chapitre de « Le Copywriting Héroïque : Dominez votre marché avec les Pouvoirs des Mots » ! Préparez-vous à plonger dans l'univers fascinant du copywriting et à découvrir comment les mots peuvent devenir vos alliés incontournables pour vendre avec succès.

1.1 Définir le copywriting : Les mots qui vendent

Le copywriting*, c'est bien plus qu'une simple écriture commerciale.

C'est un art subtil qui consiste à créer des messages captivants, persuasifs et irrésistibles, capable de transformer les simples curieux en acheteurs convaincus.

Imaginez les mots comme de puissants leviers qui peuvent influencer les pensées, les émotions et les actions de votre audience.

Dans notre monde moderne, le copywriting se manifeste partout, que ce soit dans votre vie quotidienne ou dans le monde des affaires.

Pensez à un produit que vous avez récemment acheté sur une plateforme en ligne*.

Qu'est-ce qui vous a poussé à cliquer sur cette annonce plutôt que sur une autre ?

C'est le pouvoir du copywriting qui a réussi à captiver votre attention et à susciter votre intérêt en mettant en avant les bénéfices spécifiques* que le produit offrait.

LE COPYWRITING HÉROÏQUE

C'est cela le copywriting : l'art de mettre en valeur les avantages et les solutions qu'un produit ou un service peut apporter à un consommateur.

Mais le copywriting ne se limite pas seulement à la vente de produits physiques* en ligne.

Il est également essentiel pour la promotion de services ou de formations en ligne.

Imaginez que vous êtes un entrepreneur proposant une formation en ligne sur le développement personnel.

Votre copywriting bien pensé vous permettra de créer un tunnel de vente* efficace, en commençant par capturer l'email d'un prospect intéressé, puis en lui fournissant du contenu de valeur qui le convaincra de l'utilité de votre formation, jusqu'à la finalisation de la vente.

Le copywriting est ainsi un outil puissant pour établir des relations avec vos prospects, créer de l'engagement* et les conduire vers l'action.

Ce qui rend le copywriting encore plus passionnant, c'est qu'il existe différentes facettes et approches pour l'utiliser.

Que vous souhaitiez décrire un produit physique pour le vendre sur une marketplace* en mettant en avant ses caractéristiques et ses bénéfices, ou que vous vouliez convaincre les gens de s'inscrire à votre newsletter* en leur proposant un contenu exclusif et de qualité, le copywriting est le lien qui relie votre message à votre audience*, créant ainsi une connexion émotionnelle* et motivante.

En maîtrisant l'art du copywriting, vous découvrirez un potentiel immense.

Vous serez capable de créer des pages de vente qui hypnotisent vos visiteurs, des emails qui suscitent l'excitation chez vos abonnés et des publicités qui attirent l'attention dans un océan d'informations.

Le copywriting deviendra votre superpuissance secrète pour faire décoller votre entreprise et vous démarquer de la concurrence.

Dans les chapitres à venir, nous explorerons en détail les techniques, les stratégies et les secrets du copywriting.

Vous serez guidé pas à pas dans l'art de créer des messages puissants, impactants et mémorables qui vous permettront de transformer votre entreprise et d'atteindre vos objectifs commerciaux les plus audacieux.

Préparez-vous à devenir le héros de votre propre histoire commerciale, à utiliser les mots avec une précision chirurgicale et à influencer positivement votre audience.

Le Copywriting Héroïque vous révèlera les secrets des meilleurs copywriters du monde et vous donnera les clés pour atteindre le succès que vous méritez.

✍ ✍ ✍

Êtes-vous prêt à embrasser votre destin de copywriter et à libérer votre potentiel illimité ?

Alors, poursuivez votre lecture et préparez-vous à vivre une aventure extraordinaire au cœur du Copywriting Héroïque !

Restez à l'écoute pour le prochain chapitre, où nous plongerons dans les éléments essentiels d'un message persuasif et comment vous pouvez les utiliser pour captiver votre audience.

1.2 Comment le copywriting transforme votre entreprise : Le pouvoir des mots

Maintenant que vous avez une idée claire de ce qu'est le copywriting, il est temps d'explorer en profondeur la puissance extraordinaire qu'il peut apporter à votre entreprise, quel que soit votre secteur d'activité.

Pour vous aider à saisir tout le potentiel du copywriting, laissez-moi vous donner un exemple concret qui illustre parfaitement comment les mots peuvent transformer votre business.

Imaginez que vous dirigez une petite entreprise de fabrication de chocolat artisanal.

Vos délicieuses créations sont préparées avec soin, mais jusqu'à présent, votre entreprise n'a pas connu le succès escompté.

Vous êtes confronté à une concurrence féroce sur le marché et vous vous demandez comment vous démarquer et attirer plus de clients.

C'est là que le copywriting entre en jeu.

En utilisant les bonnes techniques de copywriting, vous pouvez révolutionner votre entreprise et la propulser vers de nouveaux sommets.

Par exemple, imaginez que vous décidez de revoir entièrement votre page de vente en ligne pour votre gamme de chocolats.

Au lieu de simplement énumérer les ingrédients et les caractéristiques de vos produits, vous décidez d'utiliser le pouvoir des mots pour créer une expérience visuelle et émotionnelle pour vos clients potentiels.

Vous décrivez en détail le goût riche et velouté de votre chocolat fondant, en utilisant des expressions comme « *laissez-vous emporter par une symphonie de saveurs délicates qui caressent votre palais* » ou « *chaque bouchée est une escapade exquise dans le monde de la gourmandise* ».

Vous mettez en avant les bénéfices uniques de vos chocolats artisanaux, en soulignant comment ils peuvent égayer les moments de bonheur, apaiser les papilles exigeantes et créer des souvenirs inoubliables.

Vous utilisez également des témoignages de clients ravis qui partagent leurs expériences de dégustation, renforçant ainsi la crédibilité et la confiance dans votre marque.

Grâce à votre nouveau message copywriting, votre page de vente devient une véritable vitrine alléchante de vos produits.

Les visiteurs sont immédiatement séduits par les mots qui les transportent dans un univers de plaisir et de satisfaction.

Ils se sentent connectés émotionnellement à votre entreprise et sont motivés à l'action.

Le résultat ?

Vos ventes augmentent de manière significative.

Les clients se précipitent pour commander vos chocolats, attirés par la promesse d'une expérience gustative unique.

Votre entreprise se distingue désormais de la concurrence, car vous avez utilisé les mots avec précision pour créer une proposition de valeur* irrésistible.

Cet exemple simple mais puissant démontre l'impact extraordinaire que le copywriting peut avoir sur votre entreprise.

En utilisant les bons mots, vous pouvez captiver votre audience, susciter des émotions positives et les amener à agir.

Peu importe le secteur d'activité dans lequel vous vous trouvez, le copywriting offre des possibilités infinies pour communiquer de manière persuasive et efficace avec votre public cible.

Le copywriting est un véritable levier pour développer votre entreprise et augmenter vos ventes.

1.3 Le copywriting héroïque : Une approche unique et efficace

Bienvenue dans un voyage épique, où le copywriting devient une aventure passionnante et ludique.

Ce livre est différent de tous les autres livres qui parlent du copywriting, et laissez-moi vous expliquer pourquoi.

Ici, nous ne nous contentons pas d'expliquer les concepts de manière ennuyeuse et académique.

Au contraire, nous adoptons une approche unique et captivante pour vous aider à comprendre et à appréhender le copywriting, même si c'est un monde inconnu pour vous.

La structure de ce livre est conçue pour vous guider tout en douceur dans votre apprentissage du copywriting.

Chaque chapitre est soigneusement conçu pour vous donner les connaissances et les compétences nécessaires d'une manière simple, amusante et ludique.

Vous serez transporté dans un univers où l'apprentissage se fait avec plaisir, sans même vous rendre compte que vous êtes en train d'acquérir de nouvelles compétences.

Notre ton humoristique et décalé vous accompagnera tout au long de votre lecture, égayant chaque page et vous offrant une expérience agréable.

Vous ne ressentirez pas la lourdeur habituelle des livres techniques, car nous avons veillé à ce que chaque mot soit choisi avec soin pour rendre la lecture fluide et captivante.

Lorsque nous aborderons les concepts du copywriting, nous les illustrerons avec des exemples simples et concrets.

Vous pourrez facilement les comprendre et les visualiser, ce qui renforcera votre compréhension et vous aidera à les appliquer dans votre propre entreprise.

✍ ✍ ✍

Maintenant, regardons ce qui vous attend dans le prochain chapitre : « L'avatar client : Votre guide suprême ».

Vous allez découvrir le secret pour créer une connexion profonde avec votre public cible.

Nous vous donnerons les outils et les techniques nécessaires pour comprendre les désirs, les besoins et les motivations de votre client idéal.

Préparez-vous à percer les mystères de votre audience et à vous rapprocher d'elle d'une manière qui vous permettra de créer un message irrésistible.

Alors, êtes-vous prêt à continuer votre aventure de copywriting ?

LE COPYWRITING HÉROÏQUE

Dans le prochain chapitre, vous découvrirez les clés pour débloquer le pouvoir de votre avatar client et transformer votre relation avec votre audience.

Ne manquez pas cette opportunité de vous immerger encore plus profondément dans le monde du copywriting et de devenir un héros de la communication persuasive.

Résumé

Dans ce premier chapitre captivant, nous avons exploré les bases essentielles du copywriting et son impact extraordinaire sur votre entreprise.

Voici les points clés à retenir :

1. **Qu'est-ce que le copywriting ?**

   - Le copywriting est l'art d'écrire des textes persuasifs et captivants pour influencer les comportements et inciter à l'action.
   - C'est un outil puissant pour convaincre, séduire et convertir les prospects en clients fidèles.

2. **Comment le copywriting transforme votre entreprise ?**

   - Le copywriting a le pouvoir de transformer n'importe quelle entreprise, quel que soit son secteur d'activité.
   - Il utilise des mots choisis avec soin pour susciter des émotions, créer un lien émotionnel avec les clients et les pousser à l'action.
   - Exemple concret : Une petite entreprise de fabrication de chocolat artisanal qui utilise le copywriting pour décrire ses produits de manière alléchante, en mettant en valeur leur goût exquis, leur origine biologique et leur processus de fabrication traditionnel. Les mots utilisés évoquent des sensations gustatives intenses et incitent les clients à savourer ces délices uniques.

En résumé, le copywriting est un outil puissant pour transformer votre entreprise.

Il utilise les mots pour créer des connexions émotionnelles, persuader et convertir les prospects en clients fidèles.

LE COPYWRITING HÉROÏQUE

Soyez prêt à découvrir comment le copywriting peut donner vie à vos produits ou services, stimuler les ventes et propulser votre entreprise vers de nouveaux sommets.

Chapitre 2

L'avatar client : Votre guide suprême

2.1 Comprendre et définir votre avatar client : Le super-héros du copywriting

Bienvenue dans le monde mystérieux de l'avatar client*, où le copywriting atteint des sommets épiques grâce à ce personnage légendaire. Qu'est-ce qu'un avatar client, me demandez-vous ? Eh bien, c'est le super-héros du copywriting, le protagoniste principal de votre histoire commerciale. C'est le personnage qui représente votre client idéal, celui que vous souhaitez toucher et convaincre avec votre message.

Pourquoi est-ce si important, me direz-vous ?

Eh bien, imaginez que vous vous lanciez dans une quête périlleuse sans savoir qui vous voulez secourir.

Vous seriez perdu, comme un super-héros sans cape, et vos efforts seraient vains.

C'est la même chose en copywriting.

Sans une bonne description de votre avatar client, votre message risque de tomber à plat, comme un super-pouvoir sans adversaire à combattre.

Décrire votre avatar client de manière précise et détaillée est le premier pas crucial dans votre voyage de copywriting.

Vous devez vous plonger dans les données démographiques, sociales, les rêves, les peurs, les blocages, les passions et même les mots qu'il utilise.

LE COPYWRITING HÉROÏQUE

Vous devez connaître votre avatar mieux que lui-même, comme s'il était votre meilleur ami (ou votre pire ennemi, si vous préférez l'intrigue).

Imaginez-vous en train de pénétrer l'esprit de votre avatar, de comprendre ses pensées les plus secrètes et ses motivations profondes.

Grâce à ces informations précieuses que vous collectez lors de vos recherches, vous pourrez créer un profil détaillé qui vous permettra d'écrire du contenu qui parle directement à l'âme de votre avatar.

Vos mots toucheront ses émotions les plus profondes et le feront se sentir compris, écouté et pris en charge.

✍ ✍ ✍

Dans la deuxième partie de ce chapitre captivant : « L'importance de connaître les désirs et besoins de votre avatar », vous allez découvrir comment plonger dans les désirs et les besoins les plus profonds de votre avatar pour créer un lien puissant et captivant.

Vous apprendrez à identifier les aspirations les plus profondes de votre public cible et à présenter vos offres comme des solutions irrésistibles à leurs problèmes.

Préparez-vous à devenir un maître de la persuasion et à transformer vos lecteurs en véritables fans de votre entreprise.

Alors, êtes-vous prêt à continuer votre voyage vers la maîtrise du copywriting ?

La suite vous réserve encore plus de découvertes palpitantes. N'oubliez pas votre cape et préparez-vous à enchanter votre avatar client avec votre plume magique.

2.2 L'importance de connaître les désirs et besoins de votre avatar : Les super-pouvoirs du copywriting

Imaginez que vous êtes un détective privé, traquant les informations les plus secrètes pour résoudre le mystère ultime du succès commercial.

Votre mission ?

Découvrir les profondeurs cachées de l'âme de votre avatar et créer un contenu qui le fera fondre comme un super-vilain devant la vérité révélée.

Pourquoi est-il si important de connaître les désirs et besoins de votre avatar, me demanderez-vous ?

Eh bien, imaginez que vous entriez dans un restaurant et que le serveur vous propose un plat qui ne correspond pas du tout à vos préférences.

Vous seriez déçu, comme un super-héros sans sa boisson énergétique préférée.

C'est la même chose en copywriting.

Si vous ne comprenez pas les désirs et besoins de votre avatar, votre message risque de tomber à plat, comme une blague sans punchline.

Connaître les désirs et besoins de votre avatar vous permet de créer du contenu qui fait vibrer les cordes sensibles de son cœur et de son esprit.

Pensez-y comme à la recette secrète d'une potion magique qui transformera votre avatar en client fidèle.

LE COPYWRITING HÉROÏQUE

Que ce soit pour rédiger des emails percutants, des publications sur les réseaux sociaux ou des pages de vente hypnotisantes, chaque mot que vous utilisez doit être conçu pour parler directement à votre avatar, comme s'il s'agissait de son meilleur ami, son âme sœur ou son acolyte de super-héros.

Permettez-moi de vous donner un exemple concret pour que vous compreniez l'impact de cette approche.

Supposons que vous vendiez des chaussettes avec des motifs délirants.

En connaissant les désirs et besoins de votre avatar, vous pourriez créer un contenu qui célèbre leur originalité et met en valeur le confort de vos chaussettes.

Vous pourriez raconter une histoire hilarante mettant en scène un personnage avec des chaussettes banales qui se transforme en super-héros du style grâce à vos chaussettes uniques.

Votre avatar se sentirait compris, connecté et ne pourrait résister à l'envie d'ajouter vos chaussettes à sa collection de super-pouvoirs vestimentaires.

En comprenant les désirs et besoins de votre avatar, vous transformez votre communication en un aimant à clients.

Vos taux de conversion* s'envolent, vos ventes augmentent et vous vivez une vie d'entrepreneur accompli.

C'est comme si vous deveniez le super-héros de votre propre entreprise, prêt à sauver le monde des mauvais messages et des taux de conversion en chute libre.

✍ ✍ ✍

Maintenant que vous comprenez l'importance vitale de connaître les désirs et besoins de votre avatar, préparez-vous pour la suite palpitante de ce chapitre : « Créer une connexion profonde avec votre audience grâce au copywriting ».

Vous allez découvrir comment établir un lien émotionnel puissant avec votre public, le transformer en fan inconditionnel et le conduire vers les sommets du succès.

Attachez votre ceinture, car les révélations qui vous attendent sont aussi excitantes qu'un cliffhanger hollywoodien.

Préparez-vous à devenir le maître de la persuasion, le maestro des mots et le champion du copywriting.

Le monde du marketing n'a jamais été aussi drôle, décalé et puissant.

Alors, êtes-vous prêt à découvrir les secrets les mieux gardés du copywriting et à transformer votre entreprise en un empire légendaire ?

2.3 Créer une connexion profonde avec votre audience grâce au copywriting

Maintenant que vous connaissez votre avatar client sur le bout des doigts, vous êtes prêt à créer une connexion profonde avec votre audience.

Vous savez exactement comment lui parler et comment vous adresser à lui pour capter son attention.

Dans cette dernière partie du chapitre 2, découvrez comment cette connaissance approfondie vous permet de créer une connexion authentique avec votre audience.

LE COPYWRITING HÉROÏQUE

Votre avatar représente la quintessence de votre client idéal, et grâce à cette représentation, vous pouvez transmettre des messages percutants, impactants et indispensables à toute votre audience.

Ils attendront avec impatience votre prochain contenu, email ou même produit ou service qui résoudra un de leurs problèmes.

La clé est de nouer une connexion profonde et sincère, ce qui est crucial pour vous et votre entreprise.

Prenons un exemple complet pour illustrer les avantages à court et long terme.

Imaginons que vous soyez un expert en fitness et que votre avatar soit une mère active de deux enfants qui cherche à retrouver sa forme d'avant la grossesse.

Grâce à votre connaissance approfondie de son avatar, vous créez du contenu qui lui parle directement.

Vous partagez des conseils pratiques pour s'entraîner malgré un emploi du temps chargé, des recettes saines adaptées aux besoins des mamans, et vous partagez vos propres expériences de transformation physique.

En créant cette connexion profonde, votre audience se sentira comprise, soutenue et inspirée.

Ils auront confiance en vous et seront plus enclins à suivre vos recommandations et à acheter vos produits ou services.

Cette connexion continue renforcera votre autorité et votre influence dans votre domaine.

☞ ☞ ☞

Maintenant, vous êtes prêt à plonger dans le troisième chapitre :
« Le voyage du héros : La structure épique du copywriting ».

Découvrez comment vous pouvez utiliser cette structure narrative puissante pour captiver votre audience, les emmener dans un voyage épique et les inciter à agir.

Préparez-vous à embarquer pour une aventure palpitante qui transformera votre façon de créer du contenu et d'interagir avec votre audience.

Résumé

Dans ce chapitre, nous avons exploré l'importance cruciale de l'avatar client dans votre stratégie de copywriting.

Voici un résumé concis des principales notions abordées :

1. **Comprendre et définir votre avatar client :**

   - L'avatar client est la représentation détaillée de votre client idéal.
   - Collectez des données démographiques, sociales, des informations sur les intérêts, les préoccupations et les valeurs de votre avatar.
   - Construisez un profil précis et complet pour mieux comprendre votre avatar et lui parler directement.

2. **L'importance de connaître les désirs et besoins de votre avatar :**

   - Identifiez les désirs profonds et les besoins spécifiques de votre avatar.
   - Comprenez les problèmes auxquels il est confronté et les solutions qu'il recherche.
   - Utilisez ce savoir pour créer un contenu percutant et adapté à votre avatar.

3. **Créer une connexion profonde avec votre audience grâce au copywriting :**

   - Votre avatar est la représentation de votre audience globale.
   - Établissez une connexion émotionnelle en utilisant un langage adapté et des messages ciblés.
   - Développez la confiance en partageant des histoires authentiques et en montrant que vous comprenez les besoins de votre avatar.

4. **Les avantages de nouer une connexion profonde avec votre audience :**

- Votre audience restera engagée et attentive à vos contenus, emails et offres.
- Vous serez perçu comme quelqu'un qui comprend véritablement ses problèmes et propose des solutions adaptées.
- Une relation solide avec votre audience mène à une meilleure conversion et à des ventes accrues.

Exercice de mise en pratique

Créez un profil d'avatar client détaillé pour un produit ou un service réel ou fictif.

Incluez des informations telles que l'âge, le sexe, les intérêts, les besoins, les désirs, etc.

Utilisez cet avatar pour rédiger un court message publicitaire qui cible spécifiquement ce profil.

Chapitre 3

Le voyage du héros : La structure épique du copywriting

Le voyage du héros

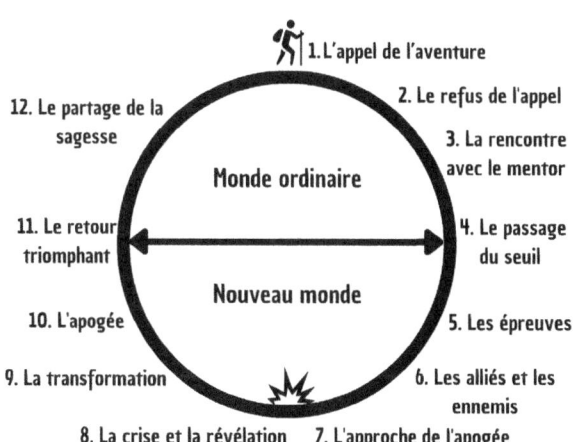

1. L'appel de l'aventure
2. Le refus de l'appel
3. La rencontre avec le mentor
4. Le passage du seuil
5. Les épreuves
6. Les alliés et les ennemis
7. L'approche de l'apogée
8. La crise et la révélation
9. La transformation
10. L'apogée
11. Le retour triomphant
12. Le partage de la sagesse

Monde ordinaire
Nouveau monde

3.1 Le modèle narratif du voyage du héros

A h, le voyage du héros, ce modèle narratif épique qui a conquis les imaginaires à travers le monde ! Mais d'où vient-il, et qu'est-ce que c'est exactement ? Attachez vos ceintures, car nous allons explorer les origines et la définition de cette structure de storytelling légendaire.

Le voyage du héros, c'est comme une recette secrète pour raconter une histoire captivante.

C'est Joseph Campbell, un grand théoricien du mythe, qui a mis en lumière cette structure archétypale.

Il a remarqué que de nombreuses histoires mythologiques et légendaires suivaient un schéma similaire, un véritable parcours initiatique.

C'est ainsi qu'est né le voyage du héros.

Maintenant, penchons-nous sur les étapes essentielles de ce modèle narratif qui nous captivent tant.

Chaque étape du voyage du héros est une pierre angulaire de l'histoire, contribuant à son impact et à son pouvoir émotionnel.

Voici un aperçu des principales étapes :

1. L'appel à l'aventure : Le héros reçoit un appel ou une invitation à entreprendre une quête extraordinaire.
2. Le refus de l'appel : Le héros hésite ou résiste initialement à répondre à l'appel en raison de peurs, d'obligations ou de doutes personnels.

3. <u>La rencontre avec le mentor</u> : Le héros rencontre un mentor qui lui offre conseils, sagesse et outils pour l'aider dans son voyage.
4. <u>Le passage du seuil</u> : Le héros franchit le seuil de son monde ordinaire pour entrer dans un nouvel univers, l'inconnu de son aventure.
5. <u>Les épreuves</u> : Le héros fait face à une série d'épreuves et de défis qui mettent à l'épreuve ses compétences, son courage et sa détermination.
6. <u>Les alliés et les ennemis</u> : Le héros rencontre des personnages qui deviennent ses alliés et d'autres qui lui font obstacle, créant ainsi des dynamiques de soutien et de conflit.
7. <u>L'approche de l'apogée</u> : Le héros se rapproche du moment culminant de son voyage, où il devra affronter son plus grand défi.
8. <u>La crise et la révélation</u> : Le héros fait face à une crise majeure, un point de rupture où il découvre des vérités sur lui-même ou sur le monde qui le transformeront.
9. <u>La transformation</u> : Le héros subit une transformation profonde, que ce soit mentalement, émotionnellement ou physiquement, qui le prépare à affronter l'apogée.
10. <u>L'apogée</u> : Le héros fait face à son plus grand défi et atteint le point culminant de son voyage, souvent en surmontant des obstacles majeurs et en réalisant son objectif.
11. <u>Le retour triomphant</u> : Le héros rentre dans son monde ordinaire, ayant accompli sa quête et apportant avec lui de nouvelles connaissances, compétences ou trésors.
12. <u>Le partage de la sagesse</u> : Le héros partage sa sagesse et ses enseignements acquis lors de son voyage avec les autres, contribuant ainsi à la croissance et à l'évolution de la communauté.

Maintenant, attardons-nous sur quelques exemples concrets d'utilisation du voyage du héros dans différents domaines.

On le retrouve dans des œuvres littéraires célèbres comme « Le Seigneur des Anneaux », où Frodon entreprend une quête périlleuse pour détruire l'Anneau unique.

Au cinéma, pensez à « Star Wars », où Luke Skywalker se lance dans une aventure galactique pour devenir un Jedi.

Mais le voyage du héros n'est pas réservé qu'aux mondes imaginaires.

Même dans la publicité, on l'utilise pour raconter des histoires qui captivent et marquent les esprits.

Pensez à la saga publicitaire d'Astérix et Obélix pour les céréales Chocovore.

Nos deux héros gourmands sont appelés à une aventure chocolatée, où ils rencontrent le sage Panoramix, franchissent le seuil en se lançant dans une quête de délicieux trésors, surmontent des épreuves hilarantes et triomphent en ramenant les céréales Chocovore dans leur village.

Une histoire qui captive les petits et les grands, mêlant humour, aventure et gourmandise.

Maintenant, vous vous demandez peut-être pourquoi le modèle narratif du voyage du héros est si largement utilisé.

Eh bien, c'est parce qu'il fonctionne comme une formule magique !

Ce schéma a une structure bien définie, avec des étapes claires comme l'appel à l'aventure, les épreuves et l'apogée.

Il crée une tension narrative, suscite l'émotion et captive l'audience jusqu'au dénouement.

En suivant ce parcours épique, les spectateurs, les lecteurs ou les consommateurs s'identifient au héros, ressentent ses émotions, partagent ses triomphes et trouvent du sens dans leur propre voyage personnel.

Il existe bien sûr d'autres modèles narratifs, mais le voyage du héros a une puissance unique.

Il est profondément ancré dans notre psyché collective et répond à notre soif de transformation, d'accomplissement et d'aventure.

C'est pourquoi les storytellers et les copywriters chevronnés l'utilisent pour créer des récits percutants et mémorables.

👏 👏 👏

Maintenant que vous avez un aperçu de cette structure épique, préparez-vous pour la deuxième partie passionnante : « Comment appliquer cette structure dans vos écrits de copywriting ».

Vous découvrirez comment donner vie à votre message en utilisant les étapes du voyage du héros.

Préparez-vous à devenir le héros de votre propre histoire et à captiver votre audience jusqu'à la dernière ligne !

Le voyage du héros ne fait que commencer, et les secrets de son application vous attendent dans la suite captivante.

Imaginez-vous maîtrisant les ficelles du storytelling et envoûtant votre audience à chaque mot.

Accrochez-vous, car nous allons plonger dans les profondeurs du copywriting épique et découvrir les techniques qui feront de vous un véritable héros de la persuasion !

3.2 Comment appliquer cette structure dans vos écrits de copywriting

Maintenant que vous avez découvert les secrets du modèle narratif du voyage du héros, il est temps de vous plonger dans l'application pratique de cette structure épique dans vos écrits de copywriting.

Accrochez-vous bien, car je vais vous guider à travers chaque étape de manière claire, concise et avec une bonne dose d'humour !

1. L'appel à l'aventure : Commencez par captiver votre audience en posant une question intrigante ou en évoquant un problème auquel ils peuvent s'identifier. Faites en sorte qu'ils se sentent concernés et prêts à embarquer dans cette aventure palpitante avec vous.

Exemple : « *Vous en avez assez de porter des chaussettes ennuyeuses qui ne reflètent pas votre personnalité délirante ? Découvrez comment nos chaussettes délirantes peuvent transformer votre style en une véritable aventure colorée !* ».

2. Le refus de l'appel : Jouez avec les doutes et les objections de votre audience en les confrontant aux conséquences négatives de ne pas répondre à votre proposition. Utilisez l'humour pour alléger la situation et les encourager à passer à l'action.

Exemple : « *Si vous refusez d'adopter nos chaussettes délirantes, vous risquez de vous condamner à une vie monotone, enchaîné(e) à des chaussettes fades qui ne suscitent aucun sourire. Soyons honnêtes, personne ne veut être catalogué(e) comme le maître de l'ennui !* ».

3. La rencontre avec le mentor : Présentez-vous comme le mentor, celui qui détient les connaissances et les solutions que votre audience recherche. Montrez-leur comment vous avez déjà aidé d'autres personnes à transformer leur style en une aventure épique.

Exemple : « *En tant qu'experts en chaussettes délirantes, nous avons guidé des milliers de personnes vers des choix de chaussettes audacieux et inspirants. Rejoignez notre tribu et laissez-nous être votre guide vers le monde merveilleux de la chaussette décalée !* ».

4. <u>Le passage du seuil</u> : Faites en sorte que votre audience franchisse le seuil en les incitant à prendre une action concrète. Utilisez des appels à l'action* clairs et convaincants pour les amener à s'engager davantage avec votre marque.

Exemple : « *Cliquez ici pour explorer notre collection de chaussettes délirantes et faites un premier pas vers une expérience de style unique qui vous distinguera de la foule fade !* »

5. <u>Les épreuves</u> : Mettez en avant les défis que votre audience rencontre en matière de style et proposez-leur des solutions créatives. Utilisez des témoignages et des histoires pour illustrer comment nos chaussettes délirantes ont permis à d'autres de relever ces défis avec succès.

Exemple : « *Imaginez-vous en train de faire sourire les passants avec vos chaussettes délirantes, éclipsant ainsi les regards ennuyés des autres. Nos clients, comme Sophie, ont réussi à transformer leur style terne en un feu d'artifice de couleurs et d'originalité grâce à nos chaussettes audacieuses !* ».

6. <u>Les alliés et les ennemis</u> : Identifiez les personnes, les ressources ou les forces qui peuvent soutenir ou entraver le parcours de votre audience. Mettez en évidence les alliés qui peuvent les aider à atteindre leur objectif et les ennemis qui cherchent à les en empêcher.

Exemple : « *Dans votre quête de chaussettes délirantes, vos alliés sont nos experts en design, prêts à créer les motifs les plus fous qui correspondent à votre personnalité unique. Mais attention aux ennemis de la monotonie et de la banalité, qui tentent de vous enfermer dans des chaussettes ternes et sans originalité !* ».

7. L'approche de l'apogée : Intensifiez le suspense et l'excitation en rapprochant votre audience de l'objectif ultime. Montrez-leur que la réalisation de leur désir est à portée de main et que des expériences incroyables les attendent.

Exemple : « *Vous êtes maintenant à quelques pas seulement de découvrir l'apogée de la fantaisie chaussettière. Des motifs encore plus audacieux et des couleurs encore plus vives vous attendent. Le plaisir est à portée de pied, saisissez-le !* ».

8. La crise et la révélation : Plongez votre audience dans une situation critique où tout semble perdu. Puis, révélez-leur un élément ou une information qui change la donne et leur offre une nouvelle perspective pour résoudre leur problème.

Exemple : « *Juste au moment où vous pensiez que toutes les chaussettes délirantes se ressemblaient, voilà que notre collection exclusive de chaussettes lumineuses se révèle ! Une véritable révolution qui apporte une nouvelle lumière à vos aventures stylistiques !* ».

9. La transformation : Montrez comment votre offre va transformer la vie de votre audience. Mettez en avant les changements positifs, les nouvelles compétences ou les nouvelles perspectives qu'ils vont acquérir en choisissant votre solution.

Exemple : « *En enfilant nos chaussettes délirantes, vous allez ressentir une transformation magique. Elles vous donneront une confiance inébranlable, un style unique et la capacité d'inspirer les autres avec votre audace !* ».

10. L'apogée : Créez un moment de gloire et de réussite pour votre audience. Montrez-leur qu'ils ont atteint leur objectif et qu'ils ont triomphé des obstacles grâce à votre offre. Célébrez leur succès avec eux.

Exemple : « *Vous avez réussi à créer le look le plus déjanté et original qui soit avec nos chaussettes délirantes ! Vous êtes devenu(e) une véritable icône de style, et les gens se demandent tous où ils peuvent se procurer des chaussettes aussi incroyables que les vôtres ! »*.

11. <u>Le retour triomphant</u> : Aidez votre audience à intégrer leur succès dans leur vie quotidienne. Montrez-leur comment ils peuvent maintenir et prolonger les bénéfices de votre offre, même après l'apogée.

Exemple : *« Revenez sur terre avec style en portant nos chaussettes délirantes dans votre vie de tous les jours. Elles vous rappelleront votre voyage héroïque et vous permettront de continuer à répandre la joie et la folie partout où vous allez ! »*.

12. <u>Le partage de la sagesse</u> : Incitez votre audience à partager leur expérience et leur succès avec les autres. Encouragez-les à devenir des ambassadeurs de votre marque et à inspirer d'autres personnes à rejoindre cette aventure stylistique.

Exemple : *« Partagez votre sagesse chaussettière avec le monde ! Montrez aux autres à quel point la fantaisie peut être amusante et libératrice en portant nos chaussettes délirantes. Ensemble, nous pouvons révolutionner le monde de la mode ! »*.

Récapitulatif et structures modèle

Maintenant que vous connaissez toutes les étapes du modèle du voyage du héros, vous pouvez appliquer cette structure épique dans vos écrits de copywriting.

Voici quelques structures modèle pour vous aider à créer vos propres contenus :

1. Le problème : Identifiez le problème auquel votre audience est confrontée.
2. L'appel à l'aventure : Suscitez l'intérêt de votre audience et proposez-leur une solution.
3. Les épreuves : Présentez les défis auxquels votre audience est confrontée.
4. La solution : Montrez comment votre offre peut résoudre ces défis.
5. Les bénéfices : Mettez en avant les avantages et les résultats positifs de votre offre.
6. Les alliés et les ennemis : Identifiez les personnes, les ressources ou les forces qui peuvent soutenir ou entraver le parcours de votre audience.
7. L'approche de l'apogée : Rapprochez votre audience de l'objectif ultime et créez de l'excitation.
8. La crise et la révélation : Plongez votre audience dans une situation critique et révélez-leur un élément qui change la donne.
9. La transformation : Montrez comment votre offre va transformer la vie de votre audience.
10. L'apogée : Créez un moment de gloire et de réussite pour votre audience.
11. Le retour triomphant : Aidez votre audience à intégrer leur succès dans leur vie quotidienne.
12. Le partage de la sagesse : Incitez votre audience à partager leur expérience et leur succès avec les autres.

Et voilà ! Vous avez maintenant toutes les clés en main pour appliquer le modèle du voyage du héros dans vos écrits de copywriting.

✍ ✍ ✍

Mais attendez, ce n'est pas fini !

Dans la prochaine partie, nous allons plonger dans des exemples concrets de copywriting basés sur le voyage du héros.

Vous découvrirez comment des marques célèbres ont utilisé cette structure pour captiver leur audience et créer des campagnes inoubliables.

Accrochez-vous, car l'aventure ne fait que commencer !

3.3 Exemples concrets de copywriting basés sur le voyage du héros

Maintenant que nous avons exploré en détail la puissance du modèle du voyage du héros dans le copywriting, il est temps de découvrir comment certaines marques célèbres ont utilisé cette structure pour créer des campagnes inoubliables.

Attachez vos ceintures et préparez-vous à être inspiré par des exemples concrets de copywriting qui ont captivé leur audience grâce à des récits épiques et des émotions puissantes.

Décryptons ensemble ces campagnes internationales, connues de tous, pour comprendre comment elles ont utilisé le modèle du voyage du héros pour communiquer avec succès et créer un lien profond avec leur public.

Préparez-vous à être transporté dans un monde de storytelling* fascinant où chaque publicité est une aventure à part entière.

1. **Nike - « Just Do It »** : Nike est le roi incontesté du storytelling inspirant. La campagne emblématique de Nike utilise le voyage du héros pour susciter des émotions d'inspiration et d'accomplissement chez son audience. Elle présente un protagoniste ordinaire qui est confronté à des doutes et des obstacles. Le héros est ensuite appelé à l'aventure, représentée par le dépassement de soi et l'atteinte d'objectifs ambitieux. Nike utilise des images puissantes de sportifs et de personnes ordinaires repoussant leurs limites pour créer une connexion émotionnelle avec son public, les incitant à se lancer dans leurs propres quêtes personnelles et à se dépasser.

2. **Coca-Cola - « Happiness Factory »** : Coca-Cola est un maître dans l'art de créer des histoires engageantes. Cette campagne met en scène un protagoniste qui découvre un monde magique à l'intérieur d'une machine distributrice de Coca-Cola. Elle utilise le voyage du héros pour créer une expérience fantastique et émotionnelle. Le protagoniste est attiré par l'inconnu et entreprend un voyage pour explorer ce nouveau monde merveilleux. Les émotions de curiosité, d'émerveillement et de joie sont transmises à l'audience, créant un lien émotionnel fort avec la marque et associant Coca-Cola à des moments de bonheur et de magie.

3. **Apple - « Think Different »** : La célèbre campagne « Think Different » d'Apple met en valeur des personnages emblématiques tels que Gandhi, Martin Luther King Jr. et Albert Einstein. Apple met en avant ces figures emblématiques qui ont défié les conventions et changé le monde. Cette campagne utilise le voyage du héros en présentant ces personnages comme des héros modernes qui ont osé penser différemment. Elle suscite des émotions d'admiration, d'inspiration et d'aspiration chez l'audience, en les encourageant à embrasser leur propre créativité et à sortir des sentiers battus. Cette campagne a contribué à forger l'identité d'Apple en tant que marque innovante et visionnaire, créant ainsi une connexion émotionnelle profonde avec son public.

4. **Airbnb - « Is Mankind? »** : Cette campagne suit le voyage d'un voyageur solitaire qui se connecte avec des personnes de cultures différentes grâce à Airbnb. Elle utilise le voyage du héros pour illustrer comment le voyage peut élargir les horizons, briser les barrières et créer des liens humains profonds. Les émotions de découverte, d'émerveillement et de connexion sont véhiculées, incitant les spectateurs à réserver leurs séjours avec Airbnb pour vivre des expériences similaires. La campagne associe Airbnb à l'idée de rencontres interculturelles et d'ouverture d'esprit.

5. **Dove - « Real Beauty »** : La campagne « Real Beauty » de Dove met en avant des femmes réelles et leurs histoires personnelles. Elle utilise le voyage du héros pour montrer comment ces femmes ont surmonté leurs insécurités et embrassé leur beauté naturelle. La campagne vise à susciter des émotions d'acceptation de soi, d'estime de soi positive et de célébration de la diversité. En racontant ces histoires inspirantes, Dove crée une connexion émotionnelle profonde avec son audience et renforce son positionnement en tant que marque qui célèbre la beauté authentique.

Chacune de ces publicités exploite les différentes étapes du voyage du héros pour créer une expérience émotionnelle puissante.

Elles captivent leur audience en utilisant des personnages, des récits et des images qui suscitent des émotions spécifiques, telles que l'inspiration, la joie, l'admiration, la découverte, la connexion et l'acceptation de soi.

En comprenant comment ces marques ont appliqué le modèle du voyage du héros, vous pouvez vous inspirer pour créer vos propres contenus captivants et émotionnellement engageants.

✍ ✍ ✍

Préparez-vous à tourner la page et à plonger dans la prochaine étape de notre exploration du copywriting captivant.

Dans le prochain chapitre, nous allons découvrir un autre outil puissant pour convaincre et persuader : la force AIDA.

Vous allez apprendre comment cette méthode éprouvée peut stimuler l'intérêt, susciter le désir et conduire à l'action.

Attendez-vous à des astuces et des techniques qui vous aideront à créer des messages irrésistibles qui font réagir votre audience.

Accrochez-vous, car nous entrons dans une nouvelle dimension de persuasion et d'influence.

Préparez-vous à maîtriser la force AIDA et à propulser votre copywriting vers de nouveaux sommets !

Résumé

Dans ce chapitre, nous avons exploré le concept captivant du voyage du héros et son application dans le domaine du copywriting.

Voici un résumé des principaux points à retenir :

1. **Origine et définition du modèle du voyage du héros :**

    *   Inspiré par l'étude des mythes et des contes de Joseph Campbell, le modèle du voyage du héros est une structure narrative universelle.
    *   Il décrit le parcours du héros qui affronte des défis, subit une transformation et revient enrichi de sagesse.

2. **Les étapes du voyage du héros :**

    *   L'appel à l'aventure : le héros reçoit un appel à quitter son monde connu.
    *   Le refus de l'appel : le héros hésite et résiste au changement.
    *   La rencontre du mentor : le héros rencontre un guide qui lui apporte des connaissances et des conseils.
    *   Le passage du seuil : le héros franchit une frontière, entrant dans un monde inconnu.
    *   Les épreuves : le héros affronte des défis et surmonte des obstacles.
    *   Les alliés et les ennemis : le héros trouve des soutiens et affronte des adversaires.
    *   L'approche de l'apogée : le héros se prépare pour le moment culminant.
    *   La crise et la révélation : le héros fait face à une crise qui le pousse à une prise de conscience.
    *   La transformation : le héros se transforme, atteignant un nouveau niveau de compétence ou de compréhension.
    *   L'apogée : le héros atteint le sommet de sa quête.

- Le retour triomphant : le héros rentre chez lui, partageant ses connaissances et expériences.
- Le partage de la sagesse : le héros diffuse ses enseignements pour le bénéfice des autres.

3. **Application du modèle du voyage du héros dans le copywriting :**

- De nombreuses marques célèbres ont utilisé ce modèle pour raconter des histoires captivantes dans leurs publicités.
- Chaque étape du voyage du héros peut être adaptée pour créer un contenu engageant et mémorable.
- En suivant cette structure narrative, les copywriters peuvent susciter l'intérêt, créer une connexion émotionnelle et inciter à l'action.

En utilisant le modèle du voyage du héros, vous pouvez créer des messages captivants qui suscitent l'intérêt, engagent émotionnellement votre audience et les incitent à passer à l'action.

Exercice de mise en pratique

Identifiez la structure de l'histoire (début, milieu et fin) dans une publicité ou un contenu de marketing existant.

Analysez comment cette structure a été utilisée pour captiver l'audience et inciter à l'action.

Chapitre 4

La force AIDA :
Le pouvoir de convaincre

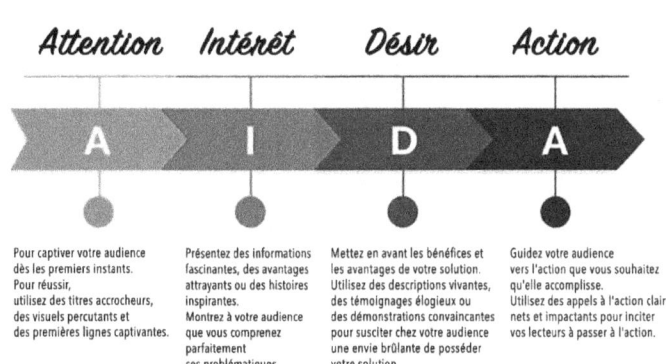

Attention — Pour captiver votre audience dès les premiers instants. Pour réussir, utilisez des titres accrocheurs, des visuels percutants et des premières lignes captivantes.

Intérêt — Présentez des informations fascinantes, des avantages attrayants ou des histoires inspirantes. Montrez à votre audience que vous comprenez parfaitement ses problématiques.

Désir — Mettez en avant les bénéfices et les avantages de votre solution. Utilisez des descriptions vivantes, des témoignages élogieux ou des démonstrations convaincantes pour susciter chez votre audience une envie brûlante de posséder votre solution.

Action — Guidez votre audience vers l'action que vous souhaitez qu'elle accomplisse. Utilisez des appels à l'action clairs, nets et impactants pour inciter vos lecteurs à passer à l'action.

4.1 Les quatre étapes essentielles de la technique AIDA

Ah, la technique AIDA ! Un nom qui sonne comme un super-héros du copywriting. Et devinez quoi ? C'est exactement ce qu'elle est ! AIDA signifie « Attention, Intérêt, Désir, Action », et cette technique est une des plus populaires et puissantes dans le monde du marketing.

Laissez-moi vous expliquer pourquoi.

- **Attention** : La première lettre d'AIDA est là pour captiver votre audience dès les premiers instants. C'est comme un cri perçant dans une salle bondée. Vous devez éveiller l'intérêt et attirer l'attention de votre lecteur. Un titre accrocheur, une question intrigante ou une anecdote captivante peuvent faire des merveilles pour attirer l'attention de votre public.

- **Intérêt** : Une fois que vous avez capturé l'attention de votre audience, il est temps de les garder accrochés à chaque mot que vous écrivez. Éveillez leur intérêt en présentant des informations fascinantes, des avantages attrayants ou des histoires inspirantes. L'idée est de montrer à votre public que vous comprenez leurs besoins et que vous avez la solution à leurs problèmes.

- **Désir** : Maintenant que vous avez l'attention et l'intérêt de votre public, il est temps de faire monter la température en créant le désir. Utilisez des descriptions vivantes, des témoignages élogieux ou des démonstrations convaincantes pour susciter chez votre audience une envie brûlante de posséder votre produit ou de bénéficier de vos services.

- **Action** : La dernière étape de la technique AIDA est l'action. Vous devez inciter votre public à passer à l'action, que ce soit en cliquant sur un bouton, en s'inscrivant à votre liste d'email*, ou en effectuant un achat. Utilisez des appels à l'action clairs, percutants et irrésistibles pour guider votre audience vers la prochaine étape.

Maintenant que vous comprenez les quatre étapes de la technique AIDA, voyons comment elles ont été utilisées avec brio par certaines marques renommées.

- **Exemple d'Application - Apple (Attention)** : « *Découvrez le nouvel iPhone, une révolution technologique dans la paume de votre main !* ».

- **Exemple d'Application - Nike (Intérêt)** : « *Courez plus vite, sautez plus haut, soyez le héros de votre propre histoire avec nos chaussures de running révolutionnaires.* ».

- **Exemple d'Application - Coca-Cola (Désir)** : « *Rafraîchissez votre esprit et partagez des moments de bonheur avec une canette glacée de Coca-Cola, la boisson qui fait pétiller la vie.* ».

- **Exemple d'Application - Amazon (Action)** : « *Cliquez ici pour commander dès maintenant et recevoir votre colis demain, sans tracas et avec une garantie de satisfaction à 100%.* ».

Ces marques ont compris l'importance de chaque lettre de la technique AIDA et ont su l'appliquer avec brio pour captiver leur audience et générer des résultats remarquables.

🕭 🕭 🕭

Maintenant, préparez-vous à plonger plus profondément dans l'art de captiver l'attention de votre audience dès les premières lignes dans la seconde partie de ce chapitre.

Vous découvrirez des astuces et des techniques dignes d'un film à suspense hollywoodien, conçues pour garder votre lecteur en haleine et les inciter à continuer leur lecture.

4.2 Comment captiver l'attention de votre audience dès les premières lignes

Ah, les premières lignes... C'est comme le coup d'envoi d'un match de foot, le moment où tout se joue. Si vous ne parvenez pas à captiver l'attention de votre lecteur dès les premières secondes, vous pouvez dire adieu à votre message.

Vous avez travaillé dur pour élaborer votre solution géniale, mais si personne ne la lit, ça ne sert à rien !

Une étude menée par le groupe « Nielsen Norman » révèle qu'en moyenne, vous avez moins de 10 secondes pour captiver l'attention d'un internaute avant qu'il ne décide de quitter votre site.

10 secondes, c'est moins de temps qu'il ne faut à un écureuil pour cacher une noisette !

Maintenant, vous comprenez l'importance cruciale de captiver rapidement votre lecteur.

Mais ne vous inquiétez pas, je suis là pour vous donner quelques astuces et conseils pratiques pour y parvenir.

LE COPYWRITING HÉROÏQUE

Conseils et astuces pour captiver l'attention dès les premières lignes :

1. **Un titre percutant** : Votre titre doit être comme une claque amicale dans le visage de votre lecteur. Utilisez des mots forts, posez une question intrigante ou faites une déclaration audacieuse. Attirez l'attention dès le départ !

2. **L'histoire qui intrigue** : Commencez avec une anecdote captivante, une histoire intrigante ou un fait étonnant. Votre lecteur sera instantanément happé par la curiosité et voudra connaître la suite.

3. **Posez une question** : Rien de tel qu'une question bien posée pour engager votre lecteur. Choisissez une question qui résonne avec les problèmes et les aspirations de votre audience. Ils ne pourront pas résister à l'envie de trouver une réponse.

4. **Créez un choc** : Parfois, il faut secouer les gens pour attirer leur attention. Osez dire quelque chose de surprenant, d'inattendu ou de controversé dès le début. Cela va secouer leur curiosité et les inciter à en savoir plus.

Exemples concrets pour captiver l'attention dès les premières lignes :

- *« Savez-vous qu'il existe un moyen de perdre du poids en mangeant du chocolat ? Oui, vous avez bien lu ! »*
- *« Imaginez-vous en train de siroter un cocktail sur une plage paradisiaque, tout en travaillant moins et en gagnant plus. C'est possible, et je vais vous montrer comment. »*
- *« Vous êtes-vous déjà demandé pourquoi certaines personnes réussissent toujours, même en période de crise ? Ne cherchez plus, la clé de leur succès se trouve dans cette simple habitude quotidienne. »*

Structures faciles à reproduire pour captiver l'attention :

1. **Début explosif** : Commencez par un fait étonnant ou une statistique surprenante qui suscite l'intérêt immédiat.
2. **Anecdote intrigante** : Racontez une histoire captivante qui incite votre lecteur à vouloir connaître la fin.
3. **Déclaration audacieuse** : Faites une affirmation percutante qui bouscule les idées préconçues et pique la curiosité.

Désormais, vous maîtrisez l'art de capter l'attention de votre audience dès les premières lignes.

✍ ✍ ✍

Préparez-vous pour la suite épique de ce chapitre.

Dans la troisième et dernière partie, nous plongerons dans le pouvoir de créer le désir et l'action grâce à un copywriting persuasif.

C'est comme la montée vers le climax d'un film à suspense.

Vous ne voudrez certainement pas manquer ça !

4.3 Créer le désir et l'action grâce à un copywriting persuasif

Maintenant, mes amis copywriters en herbe, nous atteignons le cœur de la bataille : le désir et l'action !

Si nous voulons que notre audience se jette corps et âme dans nos bras (ou plutôt dans nos offres), nous devons allumer la flamme du désir et les pousser à l'action avec une plume aussi persuasive qu'un gourou de la vente.

LE COPYWRITING HÉROÏQUE

Tout commence par susciter l'intérêt chez nos chers prospects. Imaginez-vous en train de pénétrer dans leur esprit et de comprendre leurs problèmes, leurs interrogations, leurs frustrations.

Mieux que le miroir de Blanche-Neige, nous devons refléter leur réalité pour qu'ils sentent qu'on les connaît mieux qu'ils ne se connaissent eux-mêmes.

C'est là que l'intérêt prend vie et que notre danse avec le désir peut commencer.

Le désir, mes amis, c'est l'essence même du copywriting persuasif.

Nous devons l'alimenter avec des arguments irrésistibles, des bénéfices qui font saliver et des promesses qui donnent des papillons dans le ventre.

Utilisons leur langage, leurs mots et leurs émotions pour qu'ils se sentent compris, écoutés et désirés.

Rappelons-leur sans relâche que notre solution est la seule et unique, celle qui leur apportera la paix intérieure, le bonheur éternel et peut-être même une licorne en peluche.

Soyons convaincants comme un serpent charmeur et aussi persuasifs qu'un vendeur de glaces en plein été !

Mais n'oublions pas la dernière étape cruciale : l'action !

Nos prospects doivent être guidés avec une main ferme et bienveillante vers l'action que nous désirons tant qu'ils accomplissent.

Utilisons des appels à l'action clairs, nets et percutants, tels des clignotants lumineux sur une autoroute bondée.

« Cliquez ici ! », *« Achetez maintenant ! »*, *« Ne manquez pas cette offre épique ! »* - voilà les mots magiques qui les pousseront à sortir

leur carte de crédit ou à s'inscrire à notre newsletter avec une joie débordante.

Pour vous aider à visualiser cette puissance persuasive, laissez-moi vous offrir quelques exemples croustillants :

Désir :

1. Exemple 1 : « *Imaginez-vous en train de vous lever chaque matin avec une énergie débordante, prêt à conquérir le monde. Notre programme révolutionnaire de remise en forme vous offre la clé pour obtenir le corps dont vous avez toujours rêvé, avec des séances d'entraînement courtes mais intenses, des résultats visibles en seulement quelques semaines et une confiance en vous qui illuminera chaque aspect de votre vie. Ne vous contentez pas d'imaginer, vivez cette transformation dès maintenant !* »
2. Exemple 2 : « *Vous en avez assez de vous battre contre des factures qui semblent se multiplier plus vite que des lapins ? Notre système de gestion financière vous donne la clé pour retrouver une stabilité financière, rembourser vos dettes et enfin profiter de la liberté financière que vous méritez. Imaginez-vous en train de faire des économies chaque mois, de vivre sans stress et de réaliser vos rêves les plus fous. Ne laissez plus l'argent être un obstacle, prenez le contrôle dès aujourd'hui !* »

Action :

1. Exemple 1 : « *Cliquez ici pour obtenir notre guide gratuit et découvrez les secrets pour générer un revenu passif en ligne. Ne manquez pas cette occasion unique de transformer votre vie financière et de vous libérer des contraintes du 9-5. L'action est la clé du succès, alors saisissez cette opportunité dès maintenant !* »
2. Exemple 2 : « *Inscrivez-vous à notre newsletter exclusive pour recevoir régulièrement des conseils et des astuces qui vous aideront à devenir un expert en copywriting. Ne ratez pas cette chance de développer vos compétences et de*

vous démarquer de la foule. Rejoignez notre communauté de copywriters passionnés et préparez-vous à transformer votre carrière dès aujourd'hui ! »

Ces exemples utilisent des arguments persuasifs, des bénéfices concrets et des appels à l'action clairs pour susciter le désir chez le lecteur et le pousser à passer à l'action.

En adaptant ces principes à votre propre contenu et en utilisant le langage et les éléments spécifiques à votre offre, vous pourrez créer un copywriting persuasif et efficace.

✍ ✍ ✍

Voilà, mes chers apprentis, vous avez toutes les clés en main pour maîtriser l'art du désir et de l'action.

Mais l'aventure copywriting ne fait que commencer !

Dans le prochain chapitre, « Les secrets du soap opera : Émotion, intrigue et vente », vous découvrirez comment exploiter les pouvoirs de l'émotion, du suspense et des rebondissements pour captiver votre audience et les plonger dans une véritable addiction à vos mots.

Préparez-vous à une aventure épique où chaque mot est soigneusement choisi pour vous tenir en haleine et vous rendre accro.

Ne ratez pas ce chapitre explosif, car nous allons révéler les techniques secrètes des maîtres du soap opera et vous montrer comment les appliquer à votre propre copywriting.

Une fois que vous aurez compris ces astuces, vous ne regarderez plus jamais vos mots de la même manière.

Tenez-vous prêt, car l'excitation est à son comble et l'action est sur le point de commencer !

Résumé

Dans ce chapitre, nous avons exploré la puissance de la technique AIDA pour captiver et convaincre votre audience.

Voici les points clés à retenir :

1. L'**Attention** : L'attention est la clé pour susciter l'intérêt de votre audience. Une étude réalisée par le groupe « Nielsen Norman » a révélé que vous avez seulement 10 secondes pour capter l'attention d'un internaute avant qu'il ne quitte votre site. Pour réussir, utilisez des titres accrocheurs, des visuels percutants et des premières lignes captivantes.

2. L'**Intérêt** : Une fois que vous avez capté l'attention, montrez à votre audience que vous comprenez parfaitement ses problématiques. Mettez-vous à sa place, identifiez ses questions et préoccupations, et proposez des solutions pertinentes.

3. Le **Désir** : Créez le désir chez votre audience en mettant en avant les bénéfices et les avantages de votre solution. Utilisez un langage persuasif qui parle à vos lecteurs et leur fait ressentir qu'ils ont besoin de votre produit ou service. Utilisez des exemples concrets, des témoignages et des arguments convaincants pour renforcer le désir d'obtenir ce que vous proposez.

4. L'**Action** : Guidez votre audience vers l'action que vous souhaitez qu'elle accomplisse. Utilisez des appels à l'action clairs, nets et impactants pour inciter vos lecteurs à passer à l'action. Assurez-vous que vos instructions soient faciles à suivre et irrésistibles, encourageant ainsi vos prospects à acheter votre produit, s'inscrire à votre newsletter ou effectuer toute autre action souhaitée.

LE COPYWRITING HÉROÏQUE

En suivant ces principes, vous pourrez rédiger un copywriting persuasif qui capte l'attention, suscite l'intérêt, crée le désir et incite à l'action.

N'oubliez pas de rester clair, concis et de vous adresser à votre audience de manière percutante.

Exercice de mise en pratique

Prenez une publicité ou une page de vente existante et décomposez-la en termes d'attention, d'intérêt, de désir et d'action.

Identifiez comment chaque élément a été utilisé pour persuader le lecteur.

Chapitre 5

Les secrets du soap opera : Émotion, intrigue et vente

Soap Opéra

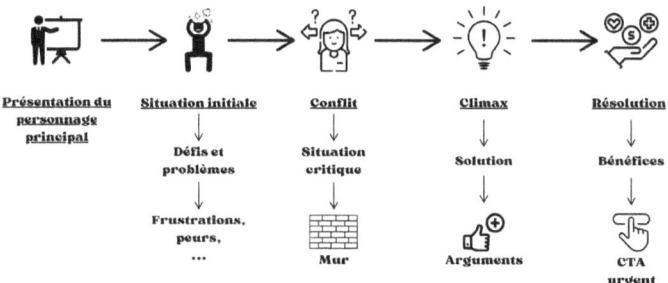

Présentation du personnage principal	Situation initiale	Conflit	Climax	Résolution
	↓	↓	↓	↓
	Défis et problèmes	Situation critique	Solution	Bénéfices
	↓	↓	↓	↓
	Frustrations, peurs, ...	Mur	Arguments	CTA urgent

5.1 Comprendre la technique du soap opera en copywriting

Bienvenue dans le monde du soap opera ! Non, nous ne parlerons pas de comédies romantiques interminables, mais d'une technique puissante pour captiver votre audience et les transformer en clients fidèles. Tout droit sortie du livre « Dotcom Secrets » de Russell Brunson, cette stratégie unique va vous permettre de créer une véritable expérience pour vos prospects.

Accrochez-vous, ça va être épique !

Définition du soap opera en copywriting : Le soap opera en copywriting est une technique qui consiste à raconter une histoire captivante à travers une série de contenus. Inspirée des feuilletons télévisés, cette approche vise à engager émotionnellement votre audience, créer de l'intrigue et les inciter à passer à l'action.

Maintenant, vous vous demandez sûrement : en quoi cette technique va-t-elle être utile dans ma stratégie marketing ?

Eh bien, laissez-moi vous éclairer !

Le soap opera vous offre une opportunité unique de développer une relation avec vos prospects.

En racontant une histoire cohérente et intéressante, vous suscitez l'intérêt, créez de l'émotion et établissez un lien fort avec votre audience.

Cela renforce la confiance, favorise l'engagement et augmente les chances de conversion.

LE COPYWRITING HÉROÏQUE

Voici la structure intégrale de la technique du soap opera, étape par étape :

1. **Présentation du personnage principal** : dans cette première étape, vous présentez le personnage principal de votre histoire, souvent un personnage fictif ou basé sur une personne réelle. Vous lui donnez vie, racontez son histoire, ses aspirations et ses défis. Votre audience s'identifie à ce personnage et ressent une connexion émotionnelle.

2. **La situation initiale** : ici, vous plongez votre personnage principal dans une situation qui représente les défis et les problèmes que votre audience rencontre. Vous décrivez leurs frustrations, leurs peurs et leurs désirs non satisfaits. C'est le moment où votre audience se dit : « Hé, c'est exactement ce que je vis en ce moment ! ».

3. **Le conflit** : maintenant, vous intensifiez le suspense en présentant un conflit qui met votre personnage principal dans une situation critique. Cela peut être un obstacle, un dilemme ou une menace imminente. Votre audience est en haleine, se demandant comment le personnage va surmonter cette épreuve.

4. **Le climax** : c'est le moment où vous révélez la solution, votre produit ou service, qui résoudra les problèmes du personnage principal. Vous décrivez en détail comment votre solution est la meilleure, en utilisant des arguments convaincants, des témoignages et des preuves sociales. Votre audience est prête à passer à l'action !

5. **La résolution** : enfin, vous montrez comment votre personnage principal a surmonté le conflit grâce à votre solution. Vous illustrez les bénéfices qu'il a obtenus, la transformation qu'il a vécue et comment sa vie s'est améliorée. Votre audience est inspirée et prête à suivre les traces du personnage.

✍ ✍ ✍

Maintenant que vous avez une vue d'ensemble du soap opera, préparez-vous à plonger plus profondément dans la création d'histoires captivantes pour engager votre audience.

Dans la prochaine partie, nous explorerons les secrets pour susciter des émotions intenses et faire en sorte que votre audience reste accrochée à chaque mot.

Préparez-vous, car l'aventure ne fait que commencer !

5.2 Créer des histoires captivantes pour engager votre audience

Ah, les histoires captivantes... Elles sont l'arme secrète du copywriter chevronné, le carburant de l'engagement, le feu d'artifice des conversions !

Vous vous demandez peut-être pourquoi il est si crucial de créer des histoires captivantes pour votre audience.

Eh bien, laissez-moi vous éclairer sur les conséquences désastreuses de leur absence.

Imaginez une situation où vous présentez vos produits ou services de manière ennuyeuse et sans saveur.

Vos nouveaux prospects baillent d'ennui et décident de passer leur chemin.

À long terme, vos clients existants, lassés par votre discours monotone, finissent par vous abandonner.

Voilà le triste destin qui vous attend si vous négligez le pouvoir des histoires captivantes.

LE COPYWRITING HÉROÏQUE

Mais ne vous inquiétez pas, nous avons les outils pour vous sauver de cet ennui mortel !

Voici les éléments indispensables pour créer des histoires captivantes, classés du plus important au moins important :

1. **Le protagoniste intéressant** : votre histoire a besoin d'un héros ou d'une héroïne charismatique. Un personnage principal que votre audience va adorer suivre et dont elle se souviendra longtemps.

2. **Le conflit passionnant** : sans un conflit captivant, votre histoire ressemblera à une balade tranquille dans un parc. Ajoutez des défis, des obstacles, des adversaires redoutables. Faites trembler votre protagoniste et tenez votre audience en haleine.

3. **L'émotion débordante** : les émotions sont le carburant des histoires captivantes. Faites rire, pleurer, frissonner votre audience. Faites-la vibrer au rythme de votre récit et elle sera accrochée à chaque mot.

4. **Le retournement de situation surprenant** : les rebondissements sont comme des feux d'artifice dans l'obscurité. Surprenez votre audience, chamboulez ses attentes et tenez-la en alerte constante.

Bien, laissez-moi vous raconter une histoire qui vous montrera comment une histoire banale peut se transformer en un récit extraordinaire, captivant et fascinant.

Imaginez que nous soyons dans le monde du marketing en ligne, où nous cherchons à vendre une formation révolutionnaire pour aider les entrepreneurs à créer des tunnels de vente efficaces.

Accrochez-vous, voici notre histoire :

Dans un petit coin de l'internet, il y avait un entrepreneur passionné, prénommé Marc. Il était motivé et déterminé à réussir, mais son approche pour vendre sa formation était plutôt banale.

Il présentait simplement les caractéristiques de sa formation, vantant ses avantages sans vraiment éveiller l'intérêt des prospects.

Un jour, Marc réalisa qu'il devait transformer sa communication pour engager véritablement son audience.

Il se plongea dans l'art des histoires captivantes et décida de donner vie à son offre à travers une histoire unique.

Il commença par créer un protagoniste, un personnage attachant nommé Max, un entrepreneur en herbe qui luttait pour atteindre le succès.

Le conflit surgit lorsque Max se retrouva perdu dans un labyrinthe de tunnels de vente inefficaces, perdant de précieuses heures et énergie sans résultats concrets.

Les émotions montèrent en flèche alors que Max ressentait la frustration, le découragement et le doute.

C'est à ce moment que Marc introduisit un retournement de situation surprenant.

Il présenta sa formation comme la solution miraculeuse pour aider Max à sortir de ce labyrinthe infernal et à atteindre enfin le succès tant convoité.

Il souligna comment cette formation avait déjà transformé la vie de nombreux entrepreneurs comme Max.

Au fur et à mesure que l'histoire avançait, Marc utilisait des techniques de storytelling pour garder son audience en haleine.

LE COPYWRITING HÉROÏQUE

Il ajouta des détails visuels, décrivant les étapes concrètes du processus de création des tunnels de vente, utilisant des analogies évocatrices pour faciliter la compréhension.

En fin de compte, l'histoire de Marc était devenue captivante et fascinante.

Les prospects ne pouvaient s'empêcher de s'identifier à Max, de ressentir ses émotions et de se projeter dans la transformation qu'ils pourraient eux-mêmes vivre grâce à la formation de Marc.

Et voilà comment une simple histoire banale est devenue une saga épique, captivant l'attention de l'audience et les incitant à agir.

Grâce à la structure et aux éléments essentiels d'une histoire captivante, Marc était prêt à transformer ses lecteurs en clients fidèles.

Maintenant, imaginez ce que vous pourriez accomplir en utilisant cette approche dans votre propre business en ligne.

Vous pouvez captiver votre audience, les faire vibrer au rythme de votre histoire et les emmener vers la réussite.

Ne sous-estimez jamais le pouvoir des histoires captivantes, elles peuvent changer la donne et propulser votre business vers des sommets insoupçonnés.

(Note : Cet exemple est purement fictif et à but d'illustration. Les détails spécifiques peuvent varier en fonction de votre niche et de votre offre.)

Voici une structure type que vous pouvez facilement utiliser dans votre business :

- Présentez un protagoniste attachant et une situation qui demande une résolution.
- Intensifiez le conflit en ajoutant des défis et des adversités.

- Faites naître des émotions fortes chez votre audience en jouant sur des moments clés.
- Surprenez votre audience avec des retournements de situation inattendus.
- Offrez une résolution satisfaisante qui démontre la valeur de votre offre.

N'oubliez pas, cette structure peut être agrémentée d'éléments optionnels selon votre contexte ou votre niche spécifique.

Laissez libre cours à votre créativité et transformez vos histoires en véritables chefs-d'œuvre captivants.

✍ ✍ ✍

Et voilà, vous êtes désormais armé pour engager votre audience grâce à des histoires qui laisseront une empreinte indélébile dans leur esprit.

Mais attendez, ce n'est pas tout !

Dans la prochaine partie, je vais vous dévoiler les secrets pour convertir votre audience en des clients fidèles, prêts à vous suivre dans chaque étape de votre parcours.

Vous découvrirez des techniques puissantes qui vous permettront de nourrir et de cultiver cette relation de confiance avec vos prospects, en les gardant captivés et engagés.

Préparez-vous à des révélations palpitantes et à des stratégies infaillibles qui vous propulseront vers le succès.

Vous ne voudrez certainement pas manquer cela ! La suite promet d'être palpitante, restez à l'affût !

(Note : Les exemples et la structure cités sont uniquement à titre illustratif et peuvent être adaptés en fonction de votre domaine d'activité et de votre audience.)

5.3 Transformer vos lecteurs en clients fidèles grâce à cette approche

Bienvenue dans la partie finale de ce chapitre épique : « Transformer vos lecteurs en clients fidèles grâce à cette approche ».

Maintenant que vous avez maîtrisé les techniques du soap opera et la création d'histoires captivantes, il est temps de passer à l'étape ultime : transformer vos lecteurs en clients et les fidéliser pour une relation à long terme.

Pourquoi est-ce si important, me demandez-vous ?

Transformer vos lecteurs en clients fidèles, c'est comme devenir le maître d'une confrérie secrète où vos adeptes sont prêts à suivre vos moindres directives.

Mais pourquoi est-ce si crucial de convertir vos lecteurs en fidèles disciples de votre cause ?

Eh bien, laissez-moi vous l'expliquer simplement : cela revient à construire une base solide de clients qui vous resteront fidèles, qui recommanderont vos produits ou services et qui contribueront à la croissance de votre entreprise, le tout en se jetant à corps perdu dans votre univers captivant.

Maintenant, passons à l'action !

Comment transformer ces lecteurs curieux en fans inconditionnels ?

Voici quelques techniques magiques à ajouter à votre boîte à outils du succès.

Tout d'abord, le contenu est roi, alors assurez-vous de créer des pièces uniques et irrésistibles qui captiveront vos lecteurs dès les premières lignes.

Utilisez des histoires personnelles, des anecdotes surprenantes, et même une pointe d'humour (c'est toujours bienvenu) pour les séduire et les garder accrochés.

Ensuite, lorsque vous écrivez des emails, utilisez des techniques de persuasion subtiles pour guider vos lecteurs vers l'action.

Les titres accrocheurs, les appels à l'action irrésistibles et les offres exclusives sauront les pousser à franchir le pas et à rejoindre votre cercle intérieur.

Et que dire de vos pages de capture et de vente ?

Faites-en des feux d'artifice visuels et textuels !

Utilisez des témoignages percutants, des garanties solides, et des bonus* alléchants pour les convaincre que votre solution est la clé de tous leurs problèmes.

N'oubliez pas de créer un sentiment d'urgence en limitant les quantités disponibles ou en instaurant une date limite pour bénéficier de l'offre.

Maintenant, voyons les choses en grand avec un exemple complet qui vous montrera comment appliquer cette stratégie captivante dans un contexte entrepreneurial en ligne.

Imaginons que vous souhaitez vendre une formation en ligne sur l'art de la photographie.

Vous commencez par créer du contenu engageant, comme des articles de blog où vous partagez vos astuces de pro pour capturer des moments magiques.

LE COPYWRITING HÉROÏQUE

Ensuite, vous invitez vos lecteurs à s'inscrire à votre newsletter, en promettant des ressources exclusives et des conseils supplémentaires.

Vous utilisez ensuite votre liste d'emails pour envoyer des séquences persuasives, où vous partagez des histoires captivantes de vos propres expériences photographiques et vous leur donnez un aperçu de ce qu'ils pourront accomplir grâce à votre formation.

Enfin, vous les amenez sur une page de vente où vous présentez en détail votre programme, avec des témoignages inspirants, des démonstrations visuelles et des garanties solides.

Et voilà, vos lecteurs se transforment en de fidèles étudiants, prêts à explorer les mystères de la photographie avec vous.

✍ ✍ ✍

Maintenant, vous devez être curieux de découvrir la suite palpitante de ce livre, n'est-ce pas ?

Dans le prochain chapitre, « Le copywriting pour tous les business : De l'entrepreneur solo aux grandes entreprises », nous explorerons l'incroyable adaptabilité du copywriting à tous types d'entreprises.

Attendez-vous à des révélations fracassantes, des techniques inédites et des stratégies qui vous laisseront bouche bée.

Préparez-vous à vivre une aventure épique où les mots seront vos alliés les plus puissants.

Accrochez-vous bien, car le meilleur reste à venir !

Résumé

Dans ce chapitre, nous avons plongé dans l'univers captivant du soap opera et découvert comment utiliser les techniques de narration pour engager notre audience et stimuler les ventes.

Voici les notions clés à retenir :

1. **L'importance de l'émotion** : les émotions sont le carburant de l'engagement. En intégrant des éléments émotionnels dans votre contenu, vous captiverez votre audience et créerez un lien fort avec elle.

2. **L'intrigue pour maintenir l'intérêt** : en créant une intrigue dans votre histoire, vous garderez vos lecteurs en haleine. Utilisez des cliffhangers*, des rebondissements et des questions ouvertes pour susciter la curiosité et inciter à la lecture.

3. **Créer des histoires captivantes** : les histoires captivantes sont un outil puissant pour engager votre audience. Utilisez des personnages attachants, des conflits et des résolutions pour créer des récits qui captivent et inspirent vos lecteurs.

4. **Les conséquences de ne pas créer d'histoires captivantes** : si vous ne parvenez pas à captiver votre audience, vous risquez de perdre des prospects potentiels à court terme et de ne pas fidéliser vos clients existants à long terme. Les histoires captivantes sont essentielles pour construire une relation durable avec votre audience.

5. **Les éléments indispensables des histoires captivantes** : les éléments clés à inclure sont : des personnages authentiques, des conflits intéressants, des rebondissements inattendus, des émotions fortes et des résolutions satisfaisantes. Ils s'articulent autour de l'objectif principal de captiver et de fasciner votre audience.

- Personnages authentiques : créez des personnages auxquels votre audience peut s'identifier, avec des traits de personnalité distinctifs.
- Conflits intéressants : introduisez des défis et des obstacles pour maintenir l'intérêt de votre audience et susciter l'empathie.
- Rebondissements inattendus : surprenez vos lecteurs avec des retournements de situation inattendus pour maintenir leur attention.
- Émotions fortes : suscitez des émotions intenses en faisant appel à la tristesse, à la joie, à la peur ou à la surprise.
- Résolutions satisfaisantes : fournissez des conclusions gratifiantes qui répondent aux attentes de votre audience.

6. **Transformer vos lecteurs en clients fidèles** : une fois que vous avez captivé votre audience, vous pouvez les transformer en clients fidèles. Utilisez des techniques de persuasion dans votre contenu, vos emails et vos pages de vente pour les inciter à passer à l'action. Proposez des titres accrocheurs, des appels à l'action irrésistibles et des offres exclusives pour les convaincre de vous rejoindre.

En résumé, le chapitre 5 nous a révélé les secrets du soap opera pour engager notre audience et augmenter nos ventes.

En utilisant l'émotion, l'intrigue et des histoires captivantes, nous pouvons transformer nos lecteurs en fans inconditionnels.

Ne sous-estimez pas le pouvoir de la narration dans votre stratégie marketing.

Exercice de mise en pratique

Créez un récit sous forme de soap opera marketing pour un produit ou un service réel ou fictif.

Utilisez des éléments émotionnels et narratifs pour capter l'attention de l'audience et encourager l'engagement.

Chapitre 6

Le copywriting pour tous les business :
De l'entrepreneur solo aux grandes entreprises

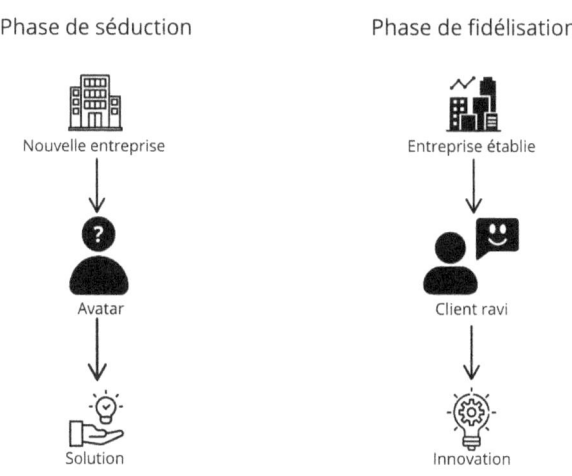

Adapter son copywriting

Phase de séduction   Phase de fidélisation

Nouvelle entreprise   Entreprise établie

Avatar   Client ravi

Solution   Innovation

6.1 L'adaptabilité du copywriting à tous types d'entreprises

Savez-vous que **seulement 25% des entreprises en France** font appel au copywriting pour améliorer leurs contenus ? C'est une statistique surprenante, mais véridique. Selon cette étude, les entreprises qui utilisent activement le copywriting dans leur stratégie marketing obtiennent des résultats bien supérieurs en termes de taux de conversion et de chiffre d'affaires.

Alors pourquoi tant d'entreprises négligent-elles cette puissante arme marketing ?

Quelle que soit la taille de votre entreprise, il est crucial de ne jamais sous-estimer l'importance du copywriting pour votre contenu.

Que vous soyez au stade de la création, en pleine croissance de votre audience ou en train de développer vos produits, le copywriting doit être une priorité absolue.

Même si vous êtes déjà un leader dans votre domaine, une négligence envers le copywriting pourrait vous rattraper rapidement, vous laissant derrière de nouvelles entreprises qui utilisent cette stratégie pour attirer et convaincre votre propre public.

Il est essentiel de comprendre que le copywriting ne se limite pas à certains secteurs ou à de grandes multinationales générant des millions d'euros de chiffre d'affaires.

Au contraire, le copywriting s'adapte à tous les types d'entreprises et de secteurs, dès lors que vous avez identifié votre audience cible et compris la solution qu'elle recherche.

Que vous soyez dans le domaine du bien-être, de la technologie, de la mode, ou même de la vente de maillots de bain pour chiens, le copyright peut être votre allié le plus précieux pour toucher vos clients potentiels et les convaincre d'acheter chez vous.

✍ ✍ ✍

Maintenant, imaginez un instant...

Vous avez déjà découvert les bases du copywriting, mais vous vous demandez comment l'appliquer concrètement dans votre secteur d'activité.

Vous êtes avide d'exemples concrets et spécifiques qui vous aideront à transformer votre entreprise grâce à cette puissante arme qu'est le copywriting.

Dans la prochaine partie, intitulée « Exemples spécifiques pour différents secteurs d'activité », je vais vous plonger dans une aventure palpitante où vous découvrirez des histoires captivantes et des techniques copywriting percutantes, adaptées à votre propre domaine.

Préparez-vous à être surpris, émerveillé et prêt à conquérir votre marché grâce à une communication irrésistible et convaincante.

Vous êtes sur le point de devenir le maître du copywriting dans votre secteur d'activité, prêt à captiver votre audience et à propulser votre entreprise vers de nouveaux sommets.

Cette partie est un véritable coffre au trésor regorgeant d'exemples spécifiques qui vous propulseront vers le succès.

Vous allez devenir un copywriter intrépide et créer des messages qui résonneront dans l'esprit de votre public, les incitant à prendre des mesures et à devenir vos fidèles clients.

Laissez la curiosité vous guider vers la suite, où les secrets les mieux gardés du copywriting seront révélés et où votre entreprise connaîtra une métamorphose spectaculaire.

6.2 Exemples spécifiques pour différents secteurs d'activité

Vous êtes prêt à découvrir des exemples spécifiques de copywriting pour différents secteurs d'activité ?

Eh bien, je vais vous dire un petit secret…

En réalité, il n'y a pas d'exemples spécifiques !

Vous avez bien lu, aucun exemple, nada, niet, rien du tout.

Vous voyez, le copywriting est une discipline universelle qui repose sur la compréhension de la psychologie humaine et la résolution des problèmes de votre avatar client.

Peu importe que vous vendiez des bougies parfumées ou des fusées spatiales, les principes de base restent les mêmes.

Mais... (et oui, il y a toujours un « mais » dans ce genre de situation), cela ne signifie pas que nous ne pouvons pas vous donner quelques exemples concrets pour vous aider à démarrer !

Alors, reprenons notre souffle, car je vais vous présenter cinq exemples époustouflants de copywriting adaptés à différents secteurs d'activité :

1. **Domaine du bien-être** : « *Découvrez le secret ultime pour une relaxation totale en 5 minutes par jour !* »

Dans ce cas, le copywriting s'appuie sur le désir profond des individus de se détendre et de trouver un équilibre. L'utilisation de mots évocateurs, tels que « *secret ultime* » et « *relaxation totale* », crée une promesse puissante qui capte immédiatement l'attention du lecteur.

2. **Technologie** : « *L'innovation révolutionnaire qui transforme votre quotidien en un seul clic !* »

Ici, le copywriting met en avant la fascination des gens pour les nouvelles technologies et leur volonté d'améliorer leur vie. L'accent est mis sur l'idée de transformation rapide et facile, suscitant l'excitation et l'envie chez les prospects.

3. **Mode** : « *Révélez votre style unique avec notre collection exclusive, conçue pour les esprits audacieux et les amoureux de la mode !* »

Dans ce domaine, le copywriting met en valeur l'expression individuelle et la confiance en soi. En utilisant des termes tels que « *style unique* » et « *esprits audacieux* », on crée un sentiment d'appartenance à une communauté de passionnés de mode.

4. **Développement personnel** : « *Maîtrisez votre destinée et atteignez vos rêves les plus fous grâce à notre programme de transformation personnelle !* »

Ici, le copywriting s'adresse aux personnes qui aspirent à un changement positif dans leur vie. L'accent est mis sur l'autonomisation et l'accomplissement personnel, créant ainsi une motivation puissante chez les lecteurs.

5. **Vente de maillots de bain pour chiens** : « *Offrez à votre meilleur ami à quatre pattes un look à faire pâlir tous les autres chiens du quartier !* »

Dans ce cas amusant et insolite, le copywriting utilise l'humour et l'émotion pour attirer l'attention des propriétaires de chiens. L'accent est mis sur le désir de rendre son animal de compagnie unique et adorable.

Puisque vous avez quelques exemples concrets sous la main, vous pouvez vous lancer et créer vos propres contenus captivants dans votre secteur d'activité.

Voici quelques conseils indispensables pour vous aider à rédiger facilement et efficacement :

- ➢ Connaissez votre public cible sur le bout des doigts.
- ➢ Identifiez les problèmes spécifiques auxquels ils sont confrontés.
- ➢ Utilisez un langage clair, simple et engageant.
- ➢ Créez une promesse irrésistible qui résout leurs problèmes.
- ➢ Utilisez des témoignages et des preuves sociales* pour renforcer votre crédibilité.

✍ ✍ ✍

Maintenant, préparez-vous pour l'ultime partie de ce chapitre, où nous allons vous révéler comment ajuster votre copywriting en fonction de la taille de votre entreprise.

Attachez vos ceintures et préparez-vous pour une plongée profonde dans les secrets des grandes et petites entreprises.

Ne ratez pas ça, car il y a des surprises incroyables qui vous attendent !

6.3 Comment ajuster votre copywriting en fonction de la taille de votre entreprise

Ah, la taille de votre entreprise, un sujet passionnant !

Savez-vous pourquoi il est crucial d'adapter votre copywriting en fonction de cette taille ?

Eh bien, laissez-moi vous éclairer avec un peu d'humour et de légèreté.

LE COPYWRITING HÉROÏQUE

Imaginez que vous venez de lancer votre entreprise.
Vous êtes là, plein d'enthousiasme, avec votre idée géniale et votre produit révolutionnaire.

Votre principal problème ?

Vous avez besoin de vous faire connaître et de développer votre audience.

Le copywriting devient votre arme secrète pour conquérir le cœur de votre avatar client.

Vous devez identifier leurs problèmes, trouver les mots qui résonnent en eux et créer une promesse irrésistible.

C'est comme un jeu de séduction, vous devez attirer l'attention et susciter l'envie de découvrir votre solution.

Maintenant, passons à l'autre extrémité du spectre.

Imaginez que votre entreprise ait déjà des milliers de clients fidèles.

Vous êtes une véritable superstar de votre secteur, et votre principale préoccupation est de continuer à innover et à fidéliser votre clientèle.

Votre copywriting doit être comme une danse rythmée, où vous réinventez vos offres, pimentez vos arguments et faites briller vos avantages uniques.

Vous devez créer une expérience captivante pour que vos clients restent accrochés à vous, tels des fans en délire devant leur idole.

Voyez-vous la différence entre ces deux situations ?

Dans un cas, vous êtes un séducteur en quête de nouvelles conquêtes, et dans l'autre, vous êtes une superstar qui veut conserver son statut.

Vos objectifs sont différents, et donc votre copywriting doit s'adapter en conséquence.

✍ ✍ ✍

Mais ne vous inquiétez pas, je ne vais pas vous laisser en suspens.

Le prochain chapitre, « Les secrets du copywriting à succès : Techniques avancées », est une mine d'or que vous ne pouvez pas vous permettre de manquer.

Vous y découvrirez les formules de copywriting qui ont fait leurs preuves, celles qui ont fait vibrer les foules et fait exploser les chiffres de vente.

C'est comme si vous alliez en première classe à Hollywood, où vous serez témoin des coulisses des meilleurs blockbusters du copywriting.

Préparez-vous à être émerveillé, car les secrets que vous allez découvrir sont tout simplement époustouflants !

Allez-vous plonger dans cette aventure captivante ?

La prochaine étape vous mènera vers des sommets insoupçonnés.

Vous êtes prêt ?

Alors, en route vers le chapitre suivant, où les secrets les mieux gardés du copywriting vous attendent avec impatience !

Résumé

1. **Seulement 25% des entreprises en France** font appel au copywriting pour améliorer leurs contenus. Cependant, le copywriting ne se limite pas à certains secteurs ou aux grandes multinationales générant des millions d'euros de chiffre d'affaires. Il s'adapte à tous les types d'entreprises et de secteurs dès lors que vous avez identifié votre audience cible et compris la solution qu'elle recherche.

2. Le copywriting est une discipline universelle basée sur la compréhension de la psychologie humaine et la résolution des problèmes de votre avatar client. Peu importe le secteur d'activité, vous pouvez appliquer les principes du copywriting pour créer un contenu persuasif et captivant.

3. Exemples spécifiques pour différents secteurs d'activité :

   - **Bien-être** : Utilisez des histoires personnelles pour établir une connexion émotionnelle avec vos clients et mettez en avant les bénéfices de vos produits ou services pour leur bien-être physique et mental.
   - **Technologie** : Mettez en avant l'innovation, la simplicité d'utilisation et les avantages concrets de vos produits ou services technologiques. Utilisez un langage clair et précis pour expliquer des concepts complexes de manière accessible.
   - **Mode** : Créez un univers de style et d'aspirations autour de vos produits. Utilisez des descriptions évocatrices, des visuels attrayants et des témoignages pour susciter le désir chez vos clients.
   - **Développement personnel** : Identifiez les besoins et les désirs profonds de vos clients dans ce domaine. Mettez en avant la transformation personnelle, la confiance en soi et le potentiel de croissance qu'ils peuvent atteindre grâce à vos produits ou services.

- **Vente de maillots de bain pour chiens** : Utilisez l'humour et la fantaisie pour engager votre audience. Mettez en avant la joie, la complicité et l'originalité que vos produits apportent à leurs animaux de compagnie.

4. Conseils indispensables pour rédiger facilement et efficacement :

   - Connaître votre avatar client et ses problèmes spécifiques.
   - Utiliser un langage simple et accessible pour communiquer avec votre audience.
   - Utiliser des histoires et des exemples concrets pour illustrer vos arguments.
   - Créer une promesse claire et irrésistible qui résout le problème de votre avatar client.
   - Mettre en avant les avantages et les bénéfices de vos produits ou services de manière convaincante.

5. L'importance d'adapter son copywriting en fonction de la taille de son entreprise. Les problématiques et les objectifs diffèrent selon que vous démarrez une entreprise ou que vous êtes déjà établi. Votre copywriting doit s'aligner sur vos actions et vos objectifs, que ce soit pour attirer de nouveaux clients ou pour fidéliser votre clientèle existante.

Ce résumé met en évidence les points clés du chapitre 6, fournissant une vue d'ensemble des concepts abordés et des exemples spécifiques pour différents secteurs d'activité.

Exercice de mise en pratique

Adaptez un exemple de contenu marketing pour qu'il convienne à un public différent.

Par exemple, transformez une publicité destinée aux jeunes en une publicité destinée aux personnes âgées ou vice versa.

Chapitre 7

Les secrets du copywriting à succès : Techniques avancées

Formules avancées de copywriting

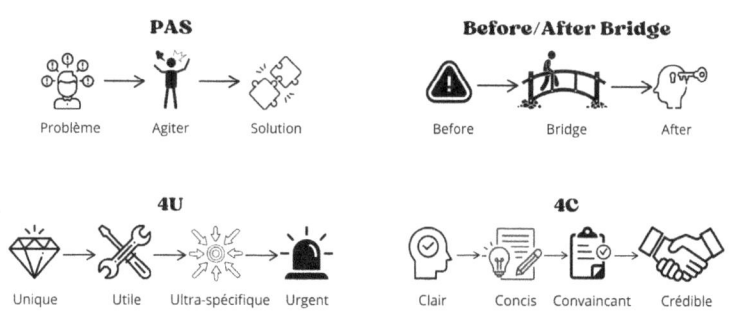

7.1 Les formules de copywriting qui ont fait leurs preuves

Récapitulons rapidement les formules de copywriting abordées jusqu'à présent, que vous devriez désormais connaître comme votre poche. Chaque formule a ses avantages spécifiques et convient à différents contextes :

- La **formule AIDA** : Attirez l'attention de votre lecteur, suscitez son intérêt, provoquez son désir et incitez-le à l'action. Parfaite pour les pages de vente percutantes.

- Le **soap opera** : Créez une intrigue captivante dans votre contenu pour maintenir l'intérêt de votre audience et la pousser à agir. Parfait pour les séquences d'emails ou les articles de blog.

- La **structure de storytelling du voyage du héros** : Embarquez votre lecteur dans un récit épique où il devient le héros et trouve la solution à ses problèmes. Idéale pour les pages de vente et les vidéos de présentation.

Maintenant, passons à d'autres formules de copywriting largement utilisées par les copywriters les plus talentueux et prolifiques :

- La **formule PAS (Problème-Agiter-Solution)** : Identifiez le problème de votre lecteur, amplifiez son agacement, puis proposez-lui la solution salvatrice.

- La **formule des 4U** : Assurez-vous que votre contenu est Unique, Utile, Ultra-spécifique et Urgent pour capter l'attention et inciter à l'action.

- La **formule Before/After Bridge de Jim Edwards** : Montrez à votre audience la situation actuelle (Before), dépeignez le futur désirable (After), puis expliquez comment votre solution est le pont qui les mène de l'un à l'autre.

- La **formule des 4C** :

  - <u>Clair</u> : Votre message doit être clair et compréhensible pour votre audience. Évitez les termes techniques ou confus qui pourraient perdre votre lecteur. Utilisez un langage simple et direct.
  - <u>Concis</u> : Soyez concis et allez droit au but. Éliminez les mots superflus et évitez de vous éparpiller. Chaque mot doit compter pour transmettre efficacement votre message.
  - <u>Convaincant</u> : Utilisez des arguments persuasifs pour convaincre votre audience de l'importance de votre offre. Mettez en avant les avantages et les résultats tangibles que votre produit ou service peut apporter.
  - <u>Crédible</u> : Établissez votre crédibilité en partageant des témoignages, des chiffres, des faits ou des réussites passées. Montrez à votre audience que vous avez l'expertise nécessaire pour résoudre leurs problèmes.

Voici des exemples concrets pour illustrer ces formules et vous aider à les comprendre :

Exemple de la **formule PAS** : « *Vous avez du mal à perdre du poids malgré les régimes stricts* (problème) *? Marre des frustrations et des échecs* (agiter) *? Découvrez notre méthode révolutionnaire pour brûler les graisses sans privations ni entraînement intensif !* » (solution)

Exemple de la **formule des 4U** : « *Obtenez un guide GRATUIT* (utile) *qui vous dévoile les 7 secrets pour doubler vos ventes* (unique) *en moins de 30 jours* (ultra-spécifique). *Une opportunité exclusive pour les entrepreneurs ambitieux qui veulent atteindre le succès rapidement* (urgent). »

Exemple pour la **formule Before/After Bridge** :

Avant (Before) : « *Imaginez-vous coincé dans un emploi qui ne vous satisfait pas, où chaque journée vous semble interminable. Vous vous sentez sous-utilisé et votre potentiel créatif est étouffé. Vos rêves d'indépendance financière et de réalisation personnelle sont restés lettre morte.* »

Après (After) : « *Maintenant, visualisez-vous en train de travailler à votre compte, en contrôle de votre propre destinée. Vous avez créé une entreprise prospère qui vous passionne réellement. Vous avez la liberté de décider de votre emploi du temps, de choisir vos projets et de gagner un revenu confortable. Vous vivez la vie dont vous avez toujours rêvé.* »

Le pont (Bridge) : « *Et la bonne nouvelle, c'est que vous n'avez pas besoin d'être un génie ou de posséder des ressources illimitées pour réaliser ce changement. Avec notre programme de formation en entrepreneuriat, vous bénéficiez des connaissances, des outils et du soutien nécessaires pour vous lancer sur la voie du succès. Vous pouvez transformer votre vie dès aujourd'hui.* »

Exemple de la **formule des 4C** : « *Transformez votre apparence en un clin d'œil avec notre produit révolutionnaire. Des résultats visibles instantanément, sans effort supplémentaire. Essayez-le dès maintenant et découvrez par vous-même le pouvoir de la transformation.* »

☙ ☙ ☙

Maintenant que vous maîtrisez ces différentes formules de copywriting, préparez-vous à plonger dans la psychologie et les mots puissants pour influencer positivement vos lecteurs.

Préparez-vous à découvrir comment utiliser des stratégies psychologiques avancées et des mots percutants pour captiver vos prospects et les inciter à passer à l'action dans la prochaine partie :

« Utiliser la psychologie et les mots puissants pour influencer positivement ».

Vous ne voudrez certainement pas manquer ça !

7.2 Utiliser la psychologie et les mots puissants pour influencer positivement

Bienvenue dans la partie la plus intrigante et psychologique du copywriting !

Vous allez découvrir les secrets pour influencer positivement votre audience et captiver leur attention.

Ne vous inquiétez pas, je ne vais pas utiliser de formules magiques pour vous hypnotiser, mais nous allons explorer des concepts psychologiques fascinants !

Préparez-vous à plonger dans les rouages de l'esprit humain !

Commençons par les principes de la psychologie qui jouent un rôle crucial dans le copywriting.

Le principe de réciprocité nous apprend que lorsque vous donnez, les gens sont plus enclins à rendre la pareille.

Par exemple, offrir une ressource gratuite avant de demander une action favorise l'engagement.

Ensuite, la cohérence.

Les gens aiment être en harmonie avec leurs engagements passés.

Si vous pouvez amener vos prospects à s'engager dans de petites actions liées à votre entreprise, ils seront plus enclins à passer à l'action ultime.

L'engagement est également un facteur crucial.

Plus vous obtenez d'engagement de la part de votre audience, plus elle sera fidèle.

Encouragez vos lecteurs à interagir avec vous, que ce soit en répondant à des questions, en s'inscrivant à des webinaires ou en participant à des sondages.

En ce qui concerne les biais psychologiques*, il en existe plusieurs, comme le biais de confirmation, qui fait que les gens cherchent des informations qui confirment leurs croyances existantes.

En utilisant ce biais de manière éthique, vous pouvez renforcer les convictions positives de votre audience envers votre offre.

Il y a également l'effet de rareté, où la limitation d'une offre crée un sentiment d'exclusivité et incite à l'action.

Passons ensuite aux mots puissants qui envoûtent vos lecteurs.

Un mot est puissant lorsqu'il évoque des émotions vives et suscite des images mentales.

Par exemple, remplacez un simple « *bien* » par « *éblouissant* » pour décrire une expérience exceptionnelle. Ou encore, « *irrésistible* » évoque l'idée de ne pas pouvoir résister à votre offre, tandis que « *exclusif* » crée un sentiment de privilège.

LE COPYWRITING HÉROÏQUE

Voici trois exemples concrets :

Avant : « *Essayez notre produit pour voir s'il vous convient.* »
Après : « *Transformez votre vie avec notre produit révolutionnaire dès aujourd'hui !* »

Avant : « *Voici nos nouveaux services, vous pourriez être intéressé.* »
Après : « *Découvrez nos services exclusifs, réservés à une poignée de privilégiés.* »

Avant : « *Notre formation est complète et détaillée.* »
Après : « *Explorez notre formation complète qui vous guidera pas à pas vers le succès.* »

Attention cependant à ne pas en abuser.

Un texte surchargé de mots puissants peut sembler exagéré et peu crédible.

Utilisez-les avec parcimonie et intelligence !

Maintenant, voici une liste de mots puissants classés par catégorie, allant de la curiosité à la confiance en passant par la peur et la séduction.

Avec ces mots à portée de main, vous serez armé pour influencer positivement vos lecteurs :

Curiosité : intriguant, secret, découverte, révélation, mystère, surprenant, énigmatique.

Vente : irrésistible, exclusif, offre limitée, remise exceptionnelle, promo éclair, économisez, profitez-en.

Émotions : émerveillement, joie, émotionnel, enthousiasmant, bouleversant, émouvant, inoubliable.

Séduction : séduisant, attirant, charmant, envoûtant, captivant, sensuel, passionné.

Peur : alerte, dangereux, risqué, menace, vulnérable, incertain, effrayant.

Puissance : dominateur, supérieur, puissant, maîtrise, victorieux, conquérant, imposant.

Paresse : facile, simple, rapide, sans effort, automatique, aisé, sans contrainte.

Confiance : fiable, garanti, crédible, certifié, expert, authentique, satisfait ou remboursé.

Nouveauté : innovant, nouveau, avant-gardiste, inédit, révolutionnaire, dernière technologie, progressif.

Bonne affaire : bon plan, à saisir, prix imbattable, meilleur rapport qualité-prix, économique, soldes, remise exceptionnelle.

Bien évidemment, c'est une liste non exhaustive de part les catégories et les mots qui composent chacune d'entre elles.

N'oubliez pas que ces mots puissants sont des outils pour persuader et non manipuler.

Soyez toujours honnête et transparent dans votre copywriting.

Mettez ces connaissances en pratique, et vous serez capable de créer des messages qui séduisent et persuadent, tout en restant maître de l'influence positive.

✍ ✍ ✍

Maintenant, que diriez-vous d'enflammer l'urgence et de susciter l'action dans la prochaine partie ?

Embarquez pour une aventure captivante où chaque mot compte.

Vous êtes sur le point de découvrir les secrets pour inciter à l'action et convaincre comme jamais auparavant !

Alors, enfilez votre ceinture, la magie du copywriting vous attend au prochain chapitre.

7.3 Créer une urgence et inciter à l'action

Ah, l'urgence et l'action ! Deux amis inséparables dans le monde du copywriting.

Imaginez ça comme un jeu vidéo où le compte à rebours s'accélère, et le bouton d'action clignote en gros et en rouge : « Appuyez pour GAGNER ! ».

L'urgence, c'est l'art de faire comprendre à votre prospect que son problème est plus brûlant qu'une tartine oubliée dans le grille-pain.

Si votre contenu ne déclenche pas cette sensation d' « il faut agir maintenant ! », votre lecteur pourrait se dire : « Oh, j'ai tout mon temps pour régler ce souci. ».

Et hop, le voilà parti pour une réflexion interminable sans solution.

Alors, n'oubliez pas d'inclure cette dose d'urgence dans vos contenus persuasifs, surtout dans vos pages de vente ou vos séquences de vente par email.

Rassurez-vous, on ne vous demande pas de crier « Au secours, achetez maintenant ! ».

Mais plutôt d'utiliser des éléments comme des offres à durée limitée, des quantités limitées de produits ou des promotions spéciales pour créer un sentiment de « Je ne peux pas laisser passer cette opportunité ».

D'accord, mais comment fonctionne ce petit tour de passe-passe psychologique ?

En fait, cela repose sur la peur de rater quelque chose d'extraordinaire (et aussi sur le fameux « FOMO » - Fear Of Missing Out soit la « peur de manquer »).

Si votre lecteur pense que l'offre est vraiment unique et qu'il risque de la perdre s'il attend trop longtemps, hop, il se convertit en client plus rapidement qu'on ne peut dire « supercalifragilisticexpialidocious » !

Pour que ce soit plus concret, voici deux exemples :

Offre à durée limitée : « *Profitez d'une réduction de 20% si vous achetez dans les 48 prochaines heures !* ».

Quantités limitées : « *Il ne reste que 5 places disponibles pour notre atelier exclusif. Réservez vite la vôtre !* ».

Quant à l'appel à l'action, c'est un peu comme une flèche clignotante pointant vers le bouton ou le lien que vous voulez que votre lecteur clique.

Ne supposez jamais qu'il saura quoi faire. Soyez direct !

Les appels à l'action doivent être directs et spécifiques.

Oubliez les « *Cliquez ici* » ou les « *Achetez maintenant* » qui manquent cruellement de punch.

LE COPYWRITING HÉROÏQUE

Préférez des phrases comme « *Obtenez votre exemplaire dès maintenant* » ou « *Inscrivez-vous pour accéder à votre guide gratuit* ».

Les appels à l'action font partie de la famille des « motivateurs ».

Un bon appel à l'action doit être clair, simple et incitatif.

Pensez à un magicien qui dit : « Abracadabra, cliquez ici pour découvrir les secrets cachés du succès ! ».

Pour vous aider à visualiser tout ça, voici d'autres exemples percutants d'urgences et d'appels à l'action :

« *Offre exclusive valable uniquement aujourd'hui ! Rejoignez notre communauté VIP !* »

« *Plus que 24h pour profiter de la livraison gratuite ! Remplissez votre panier maintenant !* »

« *Ne manquez pas cette chance unique de changer votre vie. Inscrivez-vous à notre formation dès maintenant !* »

Mais attention, ne transformez pas tous vos contenus en bombardements d'urgences et d'appels à l'action.

Utilisez-les avec subtilité et parcimonie pour garder l'attention de votre audience.

Et bien évidemment, il faut que cette urgence soit **réelle** et pas « inventée » car sinon votre client se sentira trompé et il ne vous fera plus jamais confiance… en plus de vous créer une réputation désastreuse.

Alors, la prochaine fois que vous écrivez avec du copywriting, souvenez-vous de ces deux ingrédients magiques : l'urgence et les appels à l'action !

Vous verrez, vos lecteurs se transformeront en clients plus vite qu'un lapin pressé !

✍ ✍ ✍

Vous êtes prêt à créer une urgence palpitante et à inciter à l'action ?

Génial ! Mais avant de passer à la suite, laissez-moi vous dire que dans la partie suivante, nous allons révéler votre voix unique en copywriting.

Oui, oui, votre propre style qui vous rendra inoubliable pour vos lecteurs.

Vous voulez en savoir plus sur la manière de développer une voix distinctive et mémorable en copywriting ?

Vous avez envie de percer les mystères qui vous rendront unique dans ce monde rempli de textes ennuyeux ?

Alors, continuez à tourner les pages pour découvrir comment briller parmi les étoiles !

Ça vous intrigue, n'est-ce pas ?

Alors, suivez-nous pour découvrir comment développer une voix distinctive et mémorable dans le chapitre suivant !

Résumé

Dans ce chapitre bourré de pépites, vous avez découvert les techniques avancées du copywriting qui feront de vous un véritable pro de la persuasion !

1. Découvrez les autres formules de copywriting

- **Formule PAS** : Problème, Agiter, Solution. Identifiez le problème, agitez les émotions du lecteur et apportez votre solution comme un super-héros !
- **Les 4U** : Unique, Utile, Ultra-spécifique et Urgent. Créez une offre irrésistible qui répond aux besoins du lecteur de manière unique et ultra-spécifique.
- **Before/After Bridge** : Montrez le contraste entre la situation actuelle du lecteur, sa vie avant votre solution, puis dessinez le pont vers une vie meilleure avec votre produit ou service.
- **Les 4C** : Clair, Concis, Convaincant, Crédible. Soyez percutant en étant clair et concis, tout en convaincant le lecteur de votre crédibilité.

2. Les principes psychologiques en action

- **Principe de réciprocité** : Offrez une valeur initiale gratuite pour susciter l'envie de réciprocité chez le lecteur, qui voudra vous rendre la pareille en devenant votre client.
- **Principe de cohérence** : Amenez le lecteur à rester cohérent avec ses propres valeurs et engagements, l'incitant ainsi à suivre votre proposition.
- **Principe d'engagement** : Faites participer le lecteur en lui demandant de petits engagements progressifs, créant ainsi un lien qui le pousse à aller plus loin.

- **Biais psychologiques** : Utilisez des biais comme le biais de confirmation et l'effet de rareté pour stimuler l'action du lecteur.
- **Les mots puissants** : Utilisez des mots émotionnels, persuasifs et impactants pour captiver et convaincre le lecteur.

3. **L'urgence et les appels à l'action**

- Créez de l'**urgence** : Utilisez des phrases telles que « *Offre limitée* » ou « *Dernières places disponibles* » pour inciter le lecteur à agir rapidement.
- Appels à l'**Action** : Ne laissez pas le lecteur dans l'expectative. Guidez-le en lui indiquant clairement quoi faire ensuite pour bénéficier de votre offre.

Ce chapitre vous a fourni les outils et les astuces pour booster vos compétences en copywriting.

Vous êtes maintenant équipé pour captiver vos lecteurs, susciter l'action et obtenir des résultats exceptionnels !

Exercice de mise en pratique

Prenez un texte publicitaire que vous avez précédemment rédigé et appliquez une technique de copywriting avancée, comme la formule « **Before/After Bridge** » pour le rendre plus persuasif.

Chapitre 8

Révélez votre voix unique : Trouvez votre style en copywriting

Styles de copywriting

Humoristique   Émotionnel   Persuasif   Inspirant   Éducatif

8.1 Comment développer une voix distinctive et mémorable

Bienvenue dans la fabuleuse aventure de la découverte de votre style en copywriting ! Comme dirait votre voisin excentrique avec ses chaussettes dépareillées : « On est tous uniques, alors pourquoi pas votre copywriting ? ». C'est le moment de faire un petit tour d'horizon des styles de copywriting les plus fameux qui ont marqué l'histoire de la persuasion. Attachez vos ceintures, ça va décoiffer !

Le panthéon des copywriters

Commençons par un petit détour par le panthéon des copywriters légendaires, ces maîtres des mots qui ont su imposer leur style à travers les âges :

Gary Halbert - Le meneur charismatique

Style : Gary savait allier charisme et éloquence pour amener ses lecteurs dans un voyage irrésistible.

> Exemple : « *Imaginez-vous, les cheveux au vent, voguant sur une mer turquoise, vers une île paradisiaque où le succès vous attend.* »

David Ogilvy - Le raffiné

Style : David était un virtuose du langage, il s'adressait à son audience avec classe et distinction.

LE COPYWRITING HÉROÏQUE

Exemple : « *Seules des mains expertes peuvent coudre une chemise aussi élégante, une chemise qui fera de vous un véritable gentleman.* »

Sonia Simone - L'amie persuasive

Style : Sonia réussit à vous parler comme une amie de confiance, prête à vous aider à tout moment.

Exemple : « *Vous savez, je me suis posé les mêmes questions que vous. Et voici ce que j'ai découvert...* »

Maintenant, pour vous inspirer, découvrons les styles de quelques légendes du domaine :

Le magnétique mystère de Dan Kennedy :

- Avantages : Dan sait manier les mots comme un magicien en plein spectacle. Il captive, intrigue et pique la curiosité du lecteur dès les premiers mots.
- Inconvénients : Parfois, on a l'impression qu'il dissimule un trésor sous trois tonnes de mots.
- Pourquoi c'est unique : Dan est le roi du « dire sans dire », rendant son copywriting aussi attirant qu'une énigme sans fin.
- Exemple 1 : « *Découvrez le secret le mieux gardé des entrepreneurs qui déchirent : l'art subtil de la persuasion hypnotique.* »
- Exemple 2 : « *Vos concurrents ne veulent pas que vous mettiez la main sur cette astuce diaboliquement efficace pour exploser vos ventes.* »

Le joyeux empathique de Marie Forleo :

- Avantages : Marie sait toucher les cœurs avec ses mots remplis d'empathie et d'enthousiasme.
- Inconvénients : Parfois, on se demande si elle voit vraiment la vie en rose 24h/24 !
- Pourquoi c'est unique : Marie fait vibrer les émotions de son audience comme personne.
- Exemple 1 : « *Laissez la peur de côté et osez réaliser vos rêves : vous méritez une vie épanouissante et heureuse, et je suis là pour vous aider à y parvenir.* »
- Exemple 2 : « *Imaginez un monde où vous êtes libéré(e) des chaînes qui vous retiennent, où tout est possible et où le bonheur est votre compagnon de route.* »

L'intrépide rédemption de Jon Morrow :

- Avantages : Jon transforme les défis en opportunités de guérison et d'espoir.
- Inconvénients : Parfois, on se demande s'il a un super-pouvoir pour affronter tous les obstacles de la vie.
- Pourquoi c'est unique : Jon incarne la force, la persévérance et l'inspiration.
- Exemple 1 : « *Ne laissez pas vos blessures vous définir, transformez-les en votre plus grand pouvoir pour changer le monde.* »
- Exemple 2 : « *J'ai vu l'enfer de près, mais j'ai choisi de me relever pour éclairer le chemin vers un avenir meilleur.* »

Maintenant que vous avez fait le tour des maîtres en action, souvenez-vous : votre style en copywriting doit refléter qui vous êtes et ce que vous souhaitez transmettre.

C'est comme une danse endiablée entre votre personnalité et les désirs de votre audience.

Trouver votre voix unique, c'est comme chercher une aiguille dans une botte de foin, mais on y arrive !

Restez vous-même, parlez avec votre cœur et soyez authentique.

Vous pouvez créer un personnage, mais assurez-vous qu'il reste proche de qui vous êtes réellement.

Un auditoire sur-mesure

Comme une pizza faite sur commande, adaptez votre style au goût de votre audience.

Identifiez ses attentes, ses valeurs, et servez-lui un contenu qui la fera saliver.

Bonus : Les questions cruciales

Vous vous demandez encore comment créer cette voix magique ?

Voici quelques questions pour vous éclairer :

- « Suis-je en phase avec mes valeurs et celles de mon audience ? »
- « Quels sont les mots et les tournures qui me représentent le mieux ? »
- « Ai-je besoin d'être sérieux en permanence, ou puis-je laisser s'échapper mon côté farfelu parfois ? »

✍ ✍ ✍

Trouver sa voix distinctive, c'est comme dévoiler le super-pouvoir de votre plume !

Alors, continuez l'aventure dans la prochaine partie : « La puissance de l'authenticité et de la personnalité dans vos écrits ».

Vous y découvrirez comment vous révéler au grand jour et éblouir vos lecteurs !

8.2 La puissance de l'authenticité et de la personnalité dans vos écrits

Petit rappel biais cognitifs

Les biais cognitifs, c'est comme ces lunettes de soleil un peu déformantes qu'on porte sans le savoir. Notre cerveau adore les raccourcis, les émotions et les connexions rapides.

Alors autant en tirer profit dans votre copywriting !

Psychologie, émotions et copywriting

Lorsque vous écrivez avec authenticité, votre plume devient une potion magique pour vos lecteurs.

Ils se sentent connectés, écoutés et compris.

LE COPYWRITING HÉROÏQUE

Imaginez que vous êtes un cactus, essayant de se faire passer pour un palmier.

Ridicule, non ?

Eh bien, c'est pareil en copywriting !

L'authenticité, c'est votre super-pouvoir pour captiver et fidéliser votre audience.

Voici comment :

L'effet miroir

En étant authentique, vous reflétez les émotions de vos lecteurs.

C'est comme si vous disiez : « Je te comprends, je vis la même chose que toi ! ».

Ça crée une connexion profonde.

En étant authentique, vous touchez les émotions de vos lecteurs comme un chat touche le cœur des internautes sur les réseaux sociaux. Vous leur montrez que vous êtes humain, avec vos joies et vos peines.

Exemple : « *Vous savez, moi aussi, quand j'ai découvert ce produit, j'étais aussi sceptique que vous. Mais aujourd'hui, je peux vous dire que ma vie a changé.* ».

L'empathie instantanée

Votre personnalité se glisse dans vos mots, suscitant l'empathie et la confiance.

Les lecteurs se disent : « Je me sens bien avec cette personne, je veux en savoir plus ! ».

En étant vous-même, vous attirez naturellement des personnes qui partagent vos valeurs. Vous ne vous transformez pas en singe pour attirer des pingouins !

Exemple : « *Si vous êtes ici, c'est que nous partageons la même passion pour le tricot. Bienvenue dans notre joyeuse communauté de tricoteurs fous !* ».

Le cocktail émotionnel

Votre authenticité entraîne des réactions émotionnelles chez vos lecteurs : rires, sourires, peut-être même des larmes.

Emotions + Copywriting = Un duo gagnant !

Les bénéfices pour vous

En écrivant avec votre unicité, vous cultivez une relation durable avec votre auditoire :

- **Courte durée** : Vous attirez l'attention rapidement, car votre style accrocheur se démarque dans un océan de contenus ternes.
- **Moyenne durée** : Votre personnalité forge une fidélité sans faille. Vos lecteurs reviennent, car ils se sentent proches de vous.
- **Longue durée** :
  - Productivité : Fini le syndrome de la page blanche, car écrire avec authenticité devient une partie de plaisir. Vous serez une machine à idées !

- Persévérance : Quand vous écrivez avec votre cœur, la flamme de la motivation brûle plus longtemps. Rien ne pourra vous arrêter !

Bonus : L'effet domino

Votre authenticité et votre personnalité sèment des graines d'inspiration chez vos lecteurs.

Ils se disent : « Si cette personne peut réussir en étant elle-même, pourquoi pas moi ? ».

👏 👏 👏

Écrire avec votre unicité est comme chanter en plein concert : les gens vous écoutent, vous applaudissent et vous en redemandent !

Alors, poursuivez cette symphonie épique dans la prochaine partie : « Exercices pratiques pour affiner votre style de copywriting ».

Là, vous découvrirez comment perfectionner votre art pour enchanter vos lecteurs comme jamais !

8.3 Exercices pratiques pour affiner votre style de copywriting

Pourquoi trouver votre style ?

Imaginez si tous les grands auteurs avaient utilisé le copié/collé…

Les histoires de notre monde seraient bien fades !
Votre style, c'est ce qui fait de vous un copywriter unique et mémorable.

Alors, sortez des sentiers battus et explorez vos propres horizons !

Exercices pour identifier votre style épique

Voici une liste de 10 exercices simples à réaliser chez vous, dans votre bulle créative :

1. **Le questionnaire identitaire** : Posez-vous des questions décalées sur votre caractère, vos passions, et même vos bizarreries. Laissez libre cours à votre créativité !
2. **Le monologue intérieur** : Notez vos pensées comme si vous discutiez avec vous-même. Votre voix intérieure cache souvent des pépites.
3. **Le conte à la première personne** : Racontez une anecdote personnelle avec une touche de folie et un soupçon d'aventure. Faites-leur vivre l'action avec vous !
4. **La lettre à un ami imaginaire** : Imaginez-vous écrire à un ami venu d'une autre planète. Quel ton adopteriez-vous pour le captiver ?

5. **Le dialogue déjanté** : Inventez une conversation entre vous et votre produit/service. C'est fou, mais ça peut être déterminant !

6. **Le manifeste de votre tribu** : Révélez vos valeurs, votre mission et vos convictions. Créez une alchimie avec ceux qui partagent vos idées.

7. **Le pamphlet émotionnel** : Écrivez à cœur ouvert sur une émotion puissante que vous avez ressentie. Vous toucherez en plein cœur !

8. **L'extrait de journal intime** : Laissez-vous aller et dévoilez vos émotions les plus intimes. Vous verrez, ça peut être détonnant !

9. **Le poème de votre marque** : Transformez votre message en vers envoûtants. Vous marquerez les esprits à jamais !

10. **La description de votre audience rêvée** : Imaginez votre client idéal et décrivez-le comme s'il était votre âme sœur. Vous le comprendrez mieux que quiconque !

Comment trouver votre style ?

Une fois les exercices terminés, analysez vos réponses avec un œil critique.

Quels thèmes reviennent souvent ? Quelles émotions émanent de vos écrits ?

Observez les mots que vous utilisez spontanément.

Voici le tableau qui vous donnera des pistes pour explorer les styles les plus communs :

Style de copywriting	Définition	Forces	Faiblesses	Pourquoi c'est unique	Copywriter légendaire
Le Copywriting humoristique	Un style qui marie l'humour et le storytelling pour charmer et divertir.	Attire l'attention, crée des connexions fortes	Risque d'être perçu comme non-sérieux	Il laisse une impression mémorable	David Ogilvy
Le Copywriting émotionnel	Un style qui touche les cordes sensibles pour créer une forte empathie.	Suscite des émotions puissantes	Peut être trop sentimental	Il crée un lien émotionnel solide	Maya Angelou
Le Copywriting persuasif	Un style qui argumente et convainc avec force et logique.	Convainca nt et persuasif	Peut sembler trop directif	Il pousse à l'action immédiate	Joe Sugarman
Le Copywriting inspirant	Un style qui encourage et motive le lecteur à réaliser ses rêves.	Booste la confiance et l'estime de soi	Risque d'être perçu comme naïf	Il crée une énergie positive contagieuse	Simon Sinek

Le Copywriting éducatif	Un style qui informe, enseigne et éclaire le lecteur.	Permet de démontrer l'expertise	Risque d'être trop académique	Il instruit et guide vers la résolution de problèmes	Neil Patel

Une remarque importante

Ce test est une approche ludique pour vous aiguiller, mais ce n'est pas une science exacte !

Le plus important est que vous vous sentiez à l'aise et passionné par votre style.

Testez, expérimentez et découvrez ce qui résonne le mieux avec vous.

Car oui, écrire avec passion est la clé pour des mots qui ensorcellent !

✍ ✍ ✍

Vous voilà prêt à découvrir les secrets de la page de vente parfaite dans la prochaine partie.

Soyez prêt à envoûter vos lecteurs et à les conduire irrésistiblement vers votre offre !

Résumé

Dans ce chapitre, vous avez plongé dans l'art de développer une voix distinctive et mémorable en copywriting.

Voici ce que vous avez appris :

1. **Styles de copywriting** : Découvrez des styles éprouvés de copywriting utilisés par les maîtres du domaine :

   - Copywriting humoristique : Charmez et divertissez avec une touche d'humour.
   - Copywriting émotionnel : Touchez les cordes sensibles pour créer de l'empathie.
   - Copywriting persuasif : Argumentez et convainquez avec force et logique.
   - Copywriting inspirant : Encouragez et motivez les lecteurs à réaliser leurs rêves.
   - Copywriting éducatif : Informez, enseignez et éclairez les lecteurs.

2. **Psychologie de l'authenticité** : L'authenticité et la personnalité sont des atouts puissants :

   - Biais cognitifs : Des mécanismes psychologiques influencent les connexions émotionnelles.
   - Émotions et connexions : L'émotionnel crée une résonance profonde chez les lecteurs.

3. **Exercices pratiques** : Des exercices pour trouver votre style unique.

   - Questionnaire identitaire : Explorez votre caractère, passions et bizarreries.
   - Monologue intérieur : Capturez vos pensées et voix intérieure.

- Conte à la première personne : Racontez des anecdotes avec une touche personnelle.
- Dialogue déjanté : Conversez avec votre produit pour une approche originale.
- Manifeste de votre tribu : Partagez vos valeurs et convictions pour créer une connexion.
- Pamphlet émotionnel : Écrivez avec émotion pour toucher vos lecteurs.
- Extrait de journal intime : Partagez des émotions intimes pour renforcer la connexion.
- Poème de votre marque : Transformez votre message en vers envoûtants.
- Description de votre audience rêvée : Visualisez votre client idéal pour mieux le comprendre.

4. **Trouver votre style** : Utilisez les exercices pour découvrir votre style idéal :

   - Test révélateur : Analysez vos réponses pour identifier le style qui vous correspond.
   - Adaptation et passion : Testez différents styles et choisissez celui qui vous passionne.

En comprenant l'importance d'une voix distinctive, en explorant des styles uniques et en pratiquant des exercices, vous êtes prêt à créer des contenus percutants et authentiques.

Vous avez maintenant les outils pour écrire avec votre propre voix et captiver votre audience de manière inoubliable.

Exercice de mise en pratique

Rédigez deux versions d'une annonce ou d'un message marketing pour un même produit.

L'une doit refléter votre propre style de copywriting unique, et l'autre doit être rédigée dans un style traditionnel.

Comparez les résultats et identifiez ce qui fonctionne le mieux.

Chapitre 9

Les secrets de la page de vente parfaite

Page de vente parfaite

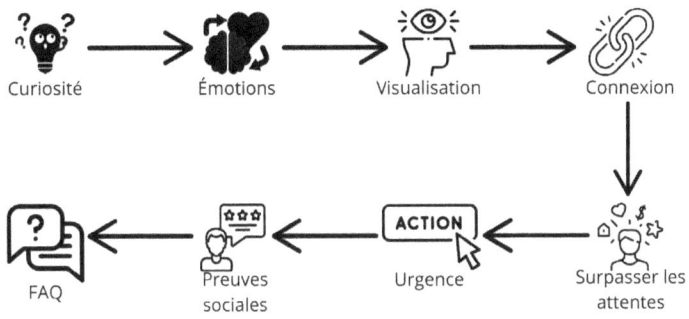

9.1 La structure optimale d'une page de vente

B ienvenue dans l'art de la persuasion suprême ! Découvrez comment créer une page de vente qui captive et convertit grâce à cette structure infaillible :

1. Susciter la curiosité : L'attirance initiale

- 1.1 Le titre intrigant : Commencez avec un titre qui éveille leur curiosité : « *Découvrez le secret d'une transformation époustouflante en 30 Jours !* ».
- 1.2 Introduction captivante : Plongez-les dans votre univers avec une introduction accrocheuse : « *Imaginez-vous soudain plongé dans un tout nouveau monde...* ».

2. Établir une connexion émotionnelle : Entrer dans leur monde

- 2.1 Portrait de leur réalité actuelle : Peignez leur situation actuelle avec des détails précis : « *Peut-être vous sentez-vous piégé dans la monotonie du quotidien...* ».
- 2.2 Réveil des émotions : Faites ressurgir leurs émotions en rappelant leurs moments de frustration : « *Rappelez-vous cette anxiété qui vous rongeait chaque jour...* ».

3. Présenter une solution convaincante : La voie lumineuse

- 3.1 La réalité d'aujourd'hui : Exposez leur situation actuelle avec clarté : « *Imaginez-vous toujours aux prises avec ces défis insurmontables...* ».
- 3.2 Esquisser un futur radieux : Projetez un avenir radicalement amélioré : « *Visualisez-vous arborant une nouvelle réalité, où le succès est votre allié constant...* ».

4. Guider vers l'action : Relier le problème à la solution

- 4.1 Convergence essentielle : Créez un lien crucial entre leur problème et votre solution : « *La grande question demeure : comment briser ce cercle vicieux ?* ».
- 4.2 Introduire la solution : Présentez votre produit comme la clé de leur transformation : « *Laissez-moi vous guider vers la réponse qui libérera votre plein potentiel…* ».

5. Cultiver l'intérêt en engagement : Illuminer la voie

- 5.1 Offrir une valeur exceptionnelle : Proposez une offre qui surpasse leurs attentes : « *En bonus, recevez trois ressources exclusives pour accélérer votre progression !* ».
- 5.2 Établir la confiance : Bâtissez la confiance en offrant une garantie solide : « *Essayez-le sans pression pendant un mois complet. Si vous n'êtes pas satisfait…* ».

6. Inciter à l'action : Conclure avec succès

- 6.1 Accentuer l'urgence : Renforcez l'urgence pour les motiver à agir rapidement : « *Ne tardez pas ! Cette opportunité unique s'évanouit d'ici la semaine prochaine.* ».
- 6.2 Appel à l'action : Terminez en les encourageant à franchir le pas : « *Un simple clic vous rapproche de la transformation que vous désirez depuis si longtemps !* ».

7. La preuve sociale : Partager des succès

- 7.1 Témoignages authentiques : Mettez en avant les retours positifs de vos clients : « *Des dizaines de personnes ont déjà bénéficié de notre solution !* ».
- 7.2 Résultats concrets : Illustrez les succès obtenus grâce à votre produit : « *Jacques a triplé son chiffre d'affaires en seulement trois mois !* ».

8. Répondre aux questions : La FAQ

- 8.1 Les interrogations fréquentes : Prévoyez une section pour répondre aux questions les plus courantes : « *Quand puis-je commencer à voir des résultats ?* ».
- 8.2 Transparence totale : Montrez que vous êtes là pour apporter des réponses honnêtes et utiles : « *Nous sommes déterminés à vous fournir toutes les informations nécessaires !* ».

Cette approche soigneusement conçue vous guide dans la création d'une page de vente qui envoûte et convainc.

De la curiosité initiale à l'action finale, chaque étape est soigneusement élaborée pour conduire vos visiteurs vers une transformation réelle.

✍ ✍ ✍

Prêt à plonger dans les éléments clés qui captivent et persuadent votre audience ?

Suivez-nous dans la section suivante pour percer les secrets du succès !

9.2 Les éléments clés pour captiver et convaincre votre audience

Tenez-vous prêt à plonger dans l'océan des mots, car voici les éléments cruciaux qui font des vagues et attirent vos lecteurs dans le tourbillon de persuasion :

LE COPYWRITING HÉROÏQUE

1. L'histoire immersive : L'émotion au rendez-vous

<u>Émotion connectée</u> : Amorcez avec une anecdote personnelle touchante ou un problème qui résonne.

- Exemple : « *Imaginez-vous, après une longue journée, vous êtes enfin assis... mais votre dos vous rappelle douloureusement que ce n'est pas encore fini.* ».

<u>Héros de leur propre histoire</u> : Faites d'eux les héros, ceux qui triompheront grâce à votre solution.

- Exemple : « *Vous, cher lecteur, êtes destiné à transformer votre situation grâce à ce que je vous offre.* ».

2. Éveil émotionnel : L'incendie des sensations

<u>Peinture visuelle</u> : Dépeignez des scènes vivantes, des sensations qu'ils peuvent ressentir.

- Exemple : « *Sentez la chaleur du sable sous vos pieds, entendez les vagues douces... vous y êtes, dans votre oasis personnelle.* ».

<u>Palette des émotions</u> : Faites voyager leurs émotions, de la frustration à l'espoir.

- Exemple : « *La première étape est de lâcher le fardeau du stress. Imaginez un monde où chaque souci est une brise légère.* ».

3. Preuve solide : Les faits percutants

<u>Témoignages authentiques</u> : Incluez des témoignages sincères qui montrent les résultats réels.

- Exemple : « *Écoutez ce que Laura, notre cliente fidèle, raconte de sa transformation – ce n'est pas juste une histoire, c'est la vérité.* ».

<u>Force des chiffres</u> : Appuyez vos arguments avec des chiffres convaincants et des preuves tangibles.

- Exemple : « *Nos produits ont aidé plus de 10 000 clients à atteindre leurs objectifs – et nous ne comptons pas nous arrêter là.* ».

4. Empathie sincère : Se mettre dans leurs chaussures

<u>Compréhension profonde</u> : Montrez que vous saisissez leurs défis, que vous êtes passé par là.

- Exemple : « *J'ai moi-même été perdu dans ce labyrinthe, jusqu'à ce que je découvre ces secrets qui ont changé ma vie.* ».

<u>Le héros sauveur</u> : Présentez-vous comme le guide, la main qui les mène vers la lumière.

- Exemple : « *Je serai à vos côtés à chaque étape, vous montrant le chemin vers une vie sans limites.* ».

5. Promesse convaincante : Les résultats époustouflants

<u>Avantages concrets</u> : Énumérez les avantages tangibles, les gains qu'ils obtiendront.

- Exemple : « *Imaginez-vous libéré de vos dettes, profitant de chaque instant en sachant que votre avenir est désormais sûr.* ».

<u>Avant et après éclatant</u> : Présentez une vision de leur vie après avoir adopté votre solution.

- Exemple : « *Voyez-vous, regardez ces photos : à gauche, un homme épuisé par le stress ; à droite, un sourire rayonnant, libéré.* ».

6. Appel à l'action puissant : N'attendez pas

Instructions précises : Montrez clairement comment passer à l'action, que ce soit l'achat ou l'inscription.

- Exemple : « *Cliquez sur ce bouton, entrez dans la prochaine phase de votre voyage vers le succès.* ».

Sentiment d'urgence : Introduisez un léger élément d'urgence pour les inciter à agir immédiatement.

- Exemple : « *L'offre est limitée – ne laissez pas cette opportunité filer entre vos doigts.* ».

Mais ceci n'est qu'un aperçu !

Les éléments varient selon le type de contenu.

Par exemple, pour une page de vente, l'histoire et les avantages prennent le devant de la scène.

Tandis que dans un email de vente, l'urgence peut jouer un rôle crucial.

Découvrez comment chaque pièce de contenu est une danse unique avec les mots, créant un enchevêtrement puissant de persuasion.

✍ ✍ ✍

Restez à l'affût pour la suite : « Conseils pratiques pour augmenter les taux de conversion ».

Vous apprendrez des astuces pour dynamiser vos compétences de persuasion et réussir à convertir vos lecteurs en fervents adeptes de votre cause.

9.3 Conseils pratiques pour augmenter les taux de conversion

Bravo, vous avez parcouru un long chemin dans l'art subtil du copywriting.

Cependant, laissez-moi vous donner quelques conseils bien juteux pour exploser vos taux de conversion.

Ces astuces font vibrer les ventes comme une machine à pop-corn dans un cinéma bondé :

1. **L'appel à l'action glorieux (CTA)** : Votre CTA doit briller comme une étoile dans un ciel nocturne. Soyez clair, direct, et incitez à l'action sans pitié. Par exemple, remplacez un banal « *Cliquez ici* » par « *Déverrouillez votre succès maintenant !* ».

2. **Le pouvoir du visuel** : Les images font danser les émotions. Utilisez des visuels qui parlent aux tripes de votre public. Pour une page de vente de nourriture bio, montrez un panier de légumes croquants, pas des formules chimiques compliquées.

3. **Évitez le bla-bla inutile** : Soyez comme ce prof cool qui va droit au but. Éliminez le jargon ennuyeux et les phrases superflues. Simplifiez. « *Vous méritez une vie sans soucis* » est meilleur que « *Nous nous efforçons d'optimiser votre bien-être quotidien.* ».

4. **Les avis dithyrambiques** : Les témoignages authentiques sont comme des feux d'artifice de crédibilité. Demandez à vos clients satisfaits de partager leur amour. « *Depuis que j'utilise ce produit, ma vie a changé !* ».

5. **La magie de l'urgence** : Créez un sentiment d'urgence comme si le monde allait s'effondrer. « *Offre limitée à aujourd'hui seulement, dépêchez-vous de profiter de cette opportunité unique !* ».

6. **La valeur en tête** : Votre offre doit briller comme le trésor du pirate. Présentez-la avec des avantages et des bénéfices clairs et précis. « *Ce programme vous fera économiser 2 heures par jour – imaginez ce que vous pourriez réaliser !* ».

7. **La psychologie des couleurs** : Les couleurs ont des superpouvoirs. Utilisez-les judicieusement. Le rouge évoque l'urgence, le vert l'harmonie, et le bleu la confiance. Vous voyez l'idée.

8. **La mélodie des mots** : Soignez votre style d'écriture. « *Nos experts vous guideront* » sonne mieux que « *Des spécialistes vous orienteront* ».

9. **Simplifiez la navigation** : Votre page doit être comme une autoroute bien indiquée, pas un labyrinthe mystérieux. Rendez la navigation fluide et intuitive.

10. **La curiosité insatiable** : Créez un sentiment de curiosité en ne révélant pas tout dès le départ. « *Vous ne devinerez jamais le troisième secret !* ».

11. **La magie du storytelling** : Les gens adorent les histoires. Utilisez des récits captivants pour émouvoir et engager vos lecteurs. Plongez-les dans un univers qui les fait rêver.

12. **La garantie inébranlable** : Offrez une garantie de remboursement sans tracas. Cela réduit le risque perçu par le client. « *Essayez notre produit pendant 30 jours, satisfait ou remboursé.* ».

13. **La personnalisation magique** : Rendez votre contenu aussi personnel que le barista qui connaît votre commande par cœur. Adressez-vous directement à vos lecteurs en utilisant « vous » plutôt que « les clients ».

14. **L'art du « Call-Out »*** : Identifiez les objections potentielles de vos lecteurs et abordez-les en cours de route. Cela montre que vous comprenez leurs préoccupations.

15. **Testez, testez, testez** : Les goûts de votre public peuvent changer comme la météo. Faites des tests pour voir ce qui fonctionne le mieux. C'est comme une expérience gustative de glaces, vous devez goûter avant de décider.

✍ ✍ ✍

Maintenant, préparez-vous à passer à la vitesse supérieure.

Dans « Copywriting Héroïque : La suite », nous allons explorer comment affiner vos compétences, où trouver des ressources inestimables, et comment vous améliorer en tant que copywriter.

La suite vous réserve des trésors de savoir-faire en copywriting.

Êtes-vous prêt à devenir un véritable héros des mots ?

Résumé

Ce chapitre a révélé les astuces cruciales pour créer une page de vente qui convertit comme un champion.

Voici les points clés :

- **La structure optimale** : Une page de vente parfaite suit une structure bien définie pour attirer et convaincre les prospects. Elle commence par un titre percutant, suivi d'une histoire, des avantages et des bénéfices, des preuves sociales, une garantie, un appel à l'action et une FAQ.

- **Les émotions incontournables** : Les émotions sont l'essence de la persuasion. Utilisez-les pour créer une connexion émotionnelle avec vos prospects. Des histoires captivantes aux témoignages émotionnels, les émotions alimentent la page de vente.

- **La combinaison AIDA** : La structure AIDA (Attention, Intérêt, Désir, Action) guide les prospects à travers leur parcours décisionnel. Chaque section de la page doit viser l'une de ces étapes.

- **L'élément Before, After, Bridge** : L'outil Before, After, Bridge connecte le problème actuel du prospect avec la solution que vous offrez, en passant par la transformation qu'ils connaîtront.

- **La preuve sociale et la FAQ** : Rassurez vos prospects en montrant combien d'autres sont satisfaits de votre produit ou service. Une FAQ répond aux questions potentielles et supprime les objections.

- **Les éléments clés pour captiver et convaincre** : Pour captiver votre audience, utilisez le storytelling, créez un sentiment de FOMO (Fear of Missing Out), personnalisez le contenu, abordez les objections et créez de la curiosité.

Ce chapitre a été une plongée profonde dans l'art de la création de pages de vente inoubliables.

Exercice de mise en pratique

Créez une page de vente pour un produit fictif ou réel en utilisant les principes énoncés dans ce chapitre.

Assurez-vous d'inclure des éléments tels qu'un titre percutant, des bénéfices spécifiques, des preuves sociales, etc.

Chapitre 10

Copywriting Héroïque : La suite

Comment améliorer son Copywriting ?

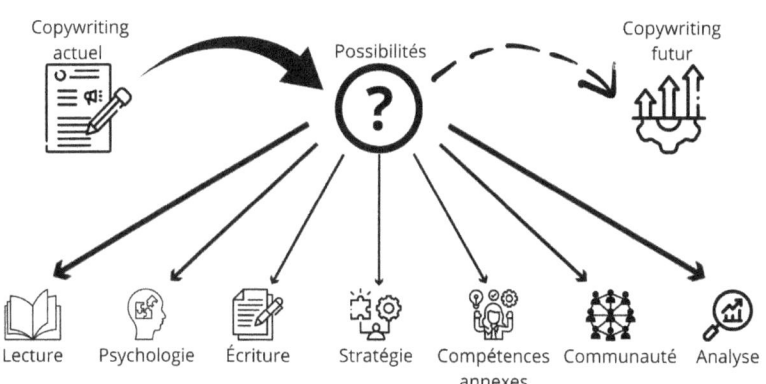

10.1 Les prochaines étapes pour devenir un maître du copywriting

Salut, cher lecteur intrépide ! Vous avez gravi les échelons du copywriting avec une aisance étonnante, mais il est temps de viser plus haut, de briller encore plus fort dans l'univers de la persuasion par les mots.

Pour devenir le maître incontesté du copywriting, suivez ces étapes éclairées par la lampe torche de la sagesse :

- **L'apprentissage continuel** : Vous avez appris les bases, mais le monde du copywriting évolue sans cesse. Plongez dans des livres de référence comme « Influence et Manipulation » de Robert Cialdini ou suivez des cours en ligne de copywriting avancé.

- **L'étude de la psychologie humaine** : Le copywriting, c'est de la psychologie appliquée. Plongez dans les méandres de la psyché humaine pour comprendre pourquoi les gens achètent. Connaissez-vous l'effet de rareté ? C'est le sentiment que quelque chose est précieux parce qu'il est rare. Utilisez-le habilement dans vos textes.

- **La pratique, la pratique, la pratique** : Comme on dit, « la pratique rend parfait ». Écrivez chaque jour. Créez des publicités fictives, rédigez des lettres de vente pour des produits imaginaires. Plus vous écrivez, plus vous vous améliorez.

- **La réflexion stratégique** : Ne vous contentez pas de marteler des mots sur le papier. Réfléchissez à la stratégie globale. Comment vos mots s'intègrent-ils dans votre entonnoir marketing ? Comment pouvez-vous utiliser le copywriting pour maximiser les conversions ?

- **La diversification des compétences** : Le copywriting ne vit pas en vase clos. Maîtrisez des compétences connexes. Apprenez les bases du marketing digital, de la rédaction de contenu, et de la psychologie des couleurs. Saviez-vous que le rouge est associé à l'urgence ? Cela peut être utile dans un appel à l'action.

- **La connexion avec la communauté** : Ne soyez pas un ermite de la rédaction. Rejoignez des groupes de copywriters en ligne, participez à des forums, et partagez vos expériences. Apprenez des autres, enseignez aux autres. L'échange est la clé de la croissance.

- **L'amélioration continue** : Vous avez peut-être des textes qui traînent dans vos tiroirs. Revisitez-les, analysez ce qui fonctionne et ce qui ne fonctionne pas. Repensez, réécrivez, révisez. Le copywriting est un art en constante évolution.

Avec ces marches claires devant vous, votre voyage vers la maîtrise du copywriting ne sera pas seulement plus fluide, mais aussi plus éclairé.

Préparez-vous à rédiger des messages qui captivent, persuadent et incitent à l'action comme jamais auparavant.

✍ ✍ ✍

Alors, vous en voulez encore plus ?

Ne manquez pas la prochaine section qui dévoile les ressources incontournables pour affûter vos talents en copywriting.

Elle est là, elle vous attend, prête à éveiller votre curiosité.

10.2 Les livres et ressources recommandés pour approfondir vos connaissances

Bienvenue dans la bibliothèque secrète des maîtres du copywriting !

Si le précédent chapitre vous a donné l'arsenal de base, cette section vous donne accès à la réserve de connaissances ultime pour affiner votre art.

Attachez vos ceintures, les étagères regorgent de trésors :

Le copywriting éclairé :

1. **Cashvertising** par Drew Eric Whitman - Ce livre est un diamant brut dans le monde du copywriting publicitaire. (Anglais uniquement)
2. **Breakthrough Advertising** par Eugene Schwartz - Une bible pour la rédaction de publicités persuasives. (en Français)
3. **Ogilvy on Advertising** par David Ogilvy - Les leçons du légendaire David Ogilvy sur la publicité. (en Français)
4. **The Adweek Copywriting Handbook** par Joseph Sugarman - Un guide pratique pour écrire des publicités percutantes. (Anglais uniquement)
5. **Scientific Advertising** par Claude C. Hopkins - Le grand classique du copywriting.(Anglais uniquement)
6. **Web Copy That Sells** par Maria Veloso - Pour maîtriser la rédaction web efficace. (Anglais uniquement)

La psychologie humaine décortiquée :

1. **Influence et Manipulation** par Robert Cialdini - Découvrez les secrets de la persuasion (un incontournable !). (en Français)
2. **Thinking, Fast and Slow** par Daniel Kahneman - Plongez dans la psychologie de la prise de décision. (en Français)
3. **Made to Stick** par Chip Heath et Dan Heath - Apprenez à créer des messages inoubliables. (Anglais uniquement)
4. **Predictably Irrational** par Dan Ariely - Explorez les comportements irrationnels qui influencent les décisions. (en Français)
5. **The Art of Choosing** par Sheena Iyengar - Comprenez comment les gens font des choix et comment influencer ces choix. (Anglais uniquement)

Le savoir marketing :

1. **Contagious: How to Build Word of Mouth in the Digital Age** par Jonah Berger - Découvrez pourquoi certaines idées se propagent (incontournable aussi !). (Anglais uniquement)
2. **Jab, Jab, Jab, Right Hook** par Gary Vaynerchuk - Maîtrisez les médias sociaux pour le marketing. (Anglais uniquement)
3. **Positioning: The Battle for Your Mind** par Al Ries et Jack Trout - Comprenez l'importance de la position dans l'esprit du consommateur. (Anglais uniquement)
4. **The Tipping Point** par Malcolm Gladwell - Explorez comment les petites actions peuvent déclencher des changements massifs. (en Français)
5. **Permission Marketing** par Seth Godin - Apprenez à gagner la permission de commercialiser à vos clients. (en Français)

L'élargissement de votre vision :

1. **The Lean Startup** par Eric Ries - Apprenez à lancer votre entreprise de manière agile (un autre incontournable !). (en Français)
2. **Purple Cow** par Seth Godin - Transformez votre entreprise en une vache violette remarquable. (en Français)

3. **The Art of Possibility** par Rosamund Stone Zander et Benjamin Zander - Ouvrez votre esprit aux possibilités infinies. (Anglais uniquement)
4. **Good to Great** par Jim Collins - Découvrez pourquoi certaines entreprises deviennent exceptionnelles. (en Français)
5. **Zero to One** par Peter Thiel - Explorez comment créer un monopole plutôt que de simplement suivre la concurrence. (en Français)

La communication persuasive :

1. **Talk Like TED** par Carmine Gallo - Découvrez les secrets des présentations TED à succès. (Anglais uniquement)
2. **Made to Stick** par Chip Heath et Dan Heath - Apprenez à créer des messages mémorables (déjà cité, mais c'est tellement bon !). (Anglais uniquement)
3. **The Elements of Eloquence** par Mark Forsyth - Explorez les figures de style pour améliorer votre communication. (Anglais uniquement)

La créativité et l'inspiration :

1. **Big Magic** par Elizabeth Gilbert - Découvrez comment embrasser votre créativité. (en Français)
2. **The War of Art** par Steven Pressfield - Surmontez la résistance pour réaliser votre travail créatif. (Anglais uniquement)
3. **Steal Like an Artist** par Austin Kleon - Apprenez comment s'inspirer de l'art des autres pour créer le vôtre. (en Français)

Attention, certains de ces livres sont uniquement disponibles en Anglais.

La lecture est la bouée de sauvetage pour votre esprit avide de connaissance.

Elle vous offre des perspectives nouvelles, des idées lumineuses et une croissance continue.

Alors, plongez dans ces ouvrages et découvrez comment chaque page vous rapproche un peu plus du statut de maître du copywriting.

✐ ✐ ✐

Et, à l'horizon, se profile la prochaine étape de votre aventure : « Comment intégrer le copywriting dans une stratégie marketing globale ».

Cela va être épique, restez avec nous pour cette plongée en profondeur dans la fusion du copywriting et de la stratégie.

La suite promet d'être aussi palpitante qu'un cliffhanger de votre série préférée !

10.3 Comment intégrer le copywriting dans une stratégie marketing globale

Eh bien, mon ami copywriter, nous avons fait un long voyage ensemble, et vous avez désormais une maîtrise solide du copywriting.

Vous pouvez persuader, captiver et convaincre.

Vous êtes prêt à utiliser cette compétence pour propulser votre entreprise vers de nouveaux sommets.

Pour cela, nous allons plonger dans la manière d'intégrer le copywriting dans une stratégie marketing globale, en couvrant toutes les étapes cruciales pour réussir dans le monde des affaires.

Pour ceux qui n'ont pas encore de business

1. La phase de création et de réflexion

Pour démarrer un business, il faut d'abord une idée. C'est là que le copywriting intervient :

- <u>La proposition de valeur</u> : Utilisez le copywriting pour clarifier votre proposition de valeur. Pourquoi votre produit ou service est-il incontournable ? Créez un message puissant.
- <u>L'étude de marché</u> : La recherche est essentielle. Utilisez votre compétence en copywriting pour interroger votre marché, sonder les besoins et identifier les points de douleur.

2. L'acquisition de clients

Une fois que vous avez défini votre entreprise, il est temps d'attirer des clients.

Voici comment :

- <u>Le site web</u> : Utilisez le copywriting pour créer un site web convaincant. Des titres percutants, des descriptions captivantes et des appels à l'action irrésistibles sont de mise.
- <u>Les pages de vente</u> : Chaque produit ou service mérite sa propre page de vente. Utilisez la structure AIDA (Attention, Intérêt, Désir, Action), les témoignages et les avantages pour convaincre vos visiteurs.
- <u>La publicité</u> : Que ce soit sur les réseaux sociaux, Google Ads ou ailleurs, des compétences en copywriting sont cruciales pour créer des annonces efficaces.

3. La création de contenu

Le contenu est roi, et le copywriting peut transformer votre contenu en un aimant pour les prospects :

- <u>Les articles de blog</u> : Rédigez des articles captivants qui résolvent les problèmes de votre public. Utilisez des titres accrocheurs pour attirer l'attention.
- <u>Les emails marketing</u> : Créez une séquence d'emails engageante pour nourrir vos leads (prospects) et les convertir en clients. Personnalisez et apportez de la valeur.
- <u>Les réseaux sociaux</u> : Utilisez des légendes percutantes et des messages qui engagent pour interagir avec votre public.

4. La finalisation de la vente

Enfin, la cerise sur le gâteau. Voici comment le copywriting peut clôturer la vente avec succès :

- <u>Les pages de commande</u> : Rendez la dernière étape du processus d'achat aussi simple que possible grâce à du copywriting efficace.
- <u>Les témoignages clients</u> : Les preuves sociales renforcent la confiance. Utilisez-les judicieusement.
- <u>La fidélisation</u> : Le copywriting n'est pas seulement pour les nouveaux clients. Utilisez-le pour entretenir des relations avec vos clients existants.

Pour ceux qui ont déjà un business

1. L'optimisation de l'existant

Si vous avez déjà un business en marche, il est temps d'optimiser chaque aspect avec le copywriting :

- Audit copywriting : Revoyez tous vos contenus existants, du site web aux emails, et appliquez les principes du copywriting pour les améliorer.
- La réactivation des clients : Utilisez le copywriting pour réactiver d'anciens clients. Des offres spéciales, des emails engageants et des rappels bien rédigés peuvent raviver leur intérêt.
- L'augmentation de la valeur client : Créez des offres cross-sell* et up-sell*. Le copywriting vous aidera à présenter ces opportunités de manière convaincante.

2. L'expansion du business

Vous voulez voir votre business croître de manière significative ? Le copywriting est là pour vous :

- L'expansion de la gamme de produits ou services : Chaque nouvelle offre mérite une page de vente bien conçue.
- La création de campagnes marketing : Pour des lancements de produits réussis, des événements spéciaux ou des promotions.
- La prospection B2B : Si vous ciblez d'autres entreprises, un copywriting efficace est essentiel pour décrocher des contrats.

3. La finalisation de la vente

Quand le moment de la conversion arrive, assurez-vous qu'il soit impeccable :

- Le suivi client : Les emails de suivi post-achat peuvent renforcer la satisfaction client et encourager les avis positifs.
- L'exploitation des témoignages : Les avis clients sont votre trésor. Utilisez-les judicieusement dans vos campagnes.
- La fidélisation : Les clients fidèles valent leur pesant d'or. Utilisez le copywriting pour les maintenir engagés.

LE COPYWRITING HÉROÏQUE

Chaque étape est cruciale, et le copywriting joue un rôle majeur à chaque point de contact.

Il renforce votre message, fait ressortir votre proposition de valeur et persuade les clients d'agir.

👏 👏 👏

Nous voilà arrivés à la fin de notre aventure copywriting.

Vous avez désormais toutes les cartes en main pour maîtriser cet art et l'intégrer dans une stratégie marketing globale.

Mais avant de conclure notre voyage, préparez-vous pour une dernière étape épique : la conclusion.

Nous allons récapituler tout ce que vous avez appris et vous donner un dernier élan pour devenir un maître du copywriting.

Alors, restez avec nous pour le grand final !

Résumé

1. **Les prochaines étapes pour devenir un maître du copywriting :**

   - L'apprentissage continuel
   - L'étude de la psychologie humaine
   - La pratique
   - La réflexion stratégique
   - La diversification des compétences
   - La connexion avec la communauté
   - L'amélioration continue

2. **Les livres et ressources recommandés pour approfondir vos connaissances :**

   - Copywriting
   - Psychologie
   - Marketing
   - Entrepreneuriat
   - Développement personnel

3. **Intégration du copywriting dans une stratégie marketing globale :**

   a. Pour ceux qui n'ont pas encore de business :

      - Phase de création et de réflexion
      - Acquisition de clients
      - Création de contenu
      - Finalisation de la vente

   b. Pour ceux qui ont déjà un business :

      - Optimisation de l'existant
      - Expansion du business
      - Finalisation de la vente

LE COPYWRITING HÉROÏQUE

Dans ce chapitre, nous avons exploré les prochaines étapes pour devenir un maître du copywriting, les ressources essentielles pour approfondir vos connaissances, et comment intégrer le copywriting dans une stratégie marketing globale, que vous ayez déjà un business en place ou que vous soyez sur le point de le créer.

Retenez ces clés pour devenir un copywriter accompli et propulser votre succès professionnel !

Exercice de mise en pratique

Choisissez un aspect du copywriting qui vous intéresse le plus parmi les sujets abordés dans ce chapitre (par exemple, la psychologie, les livres recommandés, etc…).

Approfondissez vos connaissances à ce sujet et partagez vos découvertes avec un groupe de pairs ou sur un forum en ligne (ou à moi par email 😉).

Conclusion

Une aventure se termine mais…

L e temps est venu, cher lecteur, de clore cette incroyable épopée que nous avons vécue ensemble. Imaginez-vous, héros solitaire, au début de ce périple, découvrant l'art du copywriting, armé seulement de votre désir de maîtriser les mots et de propulser votre message dans l'arène du commerce.

Vous avez bravé les pages de ce manuscrit, traversé des terres inconnues de la psychologie humaine, escaladé des montagnes de techniques de persuasion, et affronté des océans de stratégies marketing.

Remontons ensemble le fil de cette épopée, depuis les prémices de notre aventure jusqu'à son apothéose.

Vous avez été le héros de cette histoire, affrontant avec bravoure les défis que chaque chapitre a mis sur votre chemin.

Au **chapitre 1 : Les fondements du copywriting : Éveillez le pouvoir des mots**, vous avez embrassé le potentiel des mots pour persuader et séduire. Tel un alchimiste des lettres, vous avez appris à créer des messages captivants.

Au **chapitre 2 : L'avatar client : Votre guide suprême**, vous avez découvert le guide ultime pour comprendre les désirs et les besoins de votre public. Vous êtes devenu le psychologue subtil, influençant les pensées et les émotions de vos prospects.

Au **chapitre 3 : Le voyage du héros : La structure épique du copywriting**, vous avez tracé le chemin de l'aventure du client, le conduisant vers une transformation. Comme un conteur talentueux, vous avez tissé des récits puissants.

Au **chapitre 4 : La force AIDA : Le pouvoir de convaincre**, vous avez maîtrisé l'art de susciter l'Attention, l'Intérêt, le Désir et l'Action. Telle une baguette magique, vos mots ont envoûté votre public.

LE COPYWRITING HÉROÏQUE

Au **chapitre 5 : Les secrets du soap opera : Émotion, intrigue et vente**, vous avez utilisé le drame et l'émotion pour engager vos lecteurs. Tel un dramaturge habile, vous avez créé des histoires inoubliables.

Au **chapitre 6 : Le copywriting pour tous les business : De l'entrepreneur solo aux grandes entreprises**, vous avez adapté votre art à toutes les échelles. Vous êtes devenu le maître de l'adaptation, façonnant des messages pour toutes les situations.

Au **chapitre 7 : Les secrets du copywriting à succès : Techniques avancées**, vous avez exploré des techniques avancées pour persuader, convaincre et vendre. Tel un virtuose, vous avez orchestré des messages complexes.

Au **chapitre 8 : Révélez votre voix unique : Trouvez votre style en copywriting**, vous avez découvert votre style personnel, créant une voix unique. Telle une star montante, vous avez illuminé l'arène du copywriting.

Au **chapitre 9 : Les secrets de la page de vente parfaite**, vous avez conçu des pages de vente optimales, guidant les visiteurs vers la conversion. Tel un architecte habile, vous avez construit des passerelles vers la réussite.

Au **chapitre 10 : Copywriting Héroïque : La suite**, vous avez exploré les prochaines étapes pour devenir un maître du copywriting, plongeant dans la psychologie humaine, diversifiant vos compétences, et vous connectant à une communauté de pairs.

Votre quête ne s'achève pas ici, cher lecteur.

Les aventures futures vous mèneront plus loin encore dans la maîtrise du copywriting.

Vous perfectionnerez votre art, découvrirez des techniques plus avancées et vous hisserez au sommet de votre domaine.

Dans cette conclusion épique de notre voyage à travers les méandres du copywriting, il est crucial de rappeler l'ampleur de cette quête.

Le copywriting ne se limite pas aux stratégies de marketing ou à la vente de produits.

Il transcende les frontières du business pour s'immiscer dans notre quotidien, dans la psychologie humaine, dans les relations que nous entretenons avec notre entourage.

Lorsque nous comprenons les rouages de la persuasion, nous développons un pouvoir bien au-delà de l'écriture publicitaire.

Nous pénétrons l'esprit de nos semblables, nous percevons leurs aspirations, leurs craintes, leurs désirs.

Cette perception, cette empathie, sont les clés qui ouvrent les portes des cœurs, qui bâtissent des ponts entre les âmes.

Le copywriting est l'art d'influencer, mais il est aussi l'art de comprendre.

Il nous enseigne que derrière chaque choix, chaque action, se cache une motivation, un besoin profond.

En tant que copywriters, nous sommes devenus des observateurs avisés, des psychologues amateurs, des conseillers bienveillants.

Mais notre quête ne s'arrête pas ici.

Elle continue dans le domaine précieux du développement personnel.

Car l'apprentissage, la croissance personnelle, sont les carburants qui alimentent notre progression.

Nous sommes des apprentis éternels, des chercheurs de connaissance.

LE COPYWRITING HÉROÏQUE

Chaque jour, nous arpentons le chemin tortueux de l'apprentissage, de la remise en question, pour devenir des êtres meilleurs, plus sages.

Steve Jobs, visionnaire et fondateur d'Apple, a parfaitement résumé cet état d'esprit en déclarant :

« Votre travail va remplir une grande partie de votre vie, et la seule façon d'être vraiment satisfait, c'est de faire ce que vous croyez être un grand travail. Et la seule façon de faire un grand travail, c'est d'aimer ce que vous faites. ».

Ainsi, cher lecteur intrépide, notre aventure se poursuit.

Les horizons de votre connaissance et de votre potentiel ne cessent de s'étendre.

De nouvelles épreuves, de nouveaux triomphes vous attendent.

Vous êtes le héros de votre histoire, le maître de votre destinée.

Que votre quête pour devenir un maître du copywriting, pour évoluer en tant qu'être humain, soit aussi épique que les légendes des temps anciens.

Les prochaines pages de votre récit personnel s'écriront avec audace, sagesse et maestria.

L'avenir est votre terrain de jeu, votre scène d'action.

Ainsi se termine cette odyssée, mais une nouvelle aventure attend toujours.

À l'instar des héros de la mythologie, nous avançons, inlassablement, vers l'inconnu.

Les mots sont vos alliés, vos outils, vos armes.

Que votre plume soit toujours prête, et que vos écrits soient légendaires.

Votre périple continue...

Bonus

Bonus 1

Un avis ? Un commentaire ? Un retour ? Une question ? Autres choses ?

N'hésitez pas à me contacter sur mon adresse email personnel et je vous répondrai dans les meilleurs délais !

Mon adresse email personnel :

editionrm33(at)gmail.com

Bonus 2

En échange d'un avis **5 étoiles** sur la page du livre, vous aurez droit en contrepartie à un retour complet d'une de vos pages de vente ou de votre séquence mail de vente.

Bien évidemment, ceci n'est aucunement obligatoire !

<u>Faites le seulement si vous avez appréciez le livre et appris des informations intéressantes</u>. 😉

Une fois fait, contactez-moi à l'adresse email indiquée ci-dessus avec votre nom (facultatif) et prénom, votre commentaire avec la date (ou le lien de la page de vente où vous avez écrit votre avis) ainsi qu'avec le lien du contenu sur lequel vous désirez un retour de ma part.

Lexique

Les termes du copywriting expliqués

Chapitre 1 : Les fondements du copywriting

❖ **Copywriting** : L'art d'écrire de manière persuasive pour influencer les actions ou les décisions d'un public cible.

❖ **Plateforme en ligne** : Une plateforme en ligne est un site web ou une application qui permet aux utilisateurs d'accéder à divers services, contenus ou fonctionnalités. Ces plates-formes offrent généralement une interface conviviale pour que les utilisateurs puissent interagir, partager des informations, effectuer des transactions ou collaborer avec d'autres utilisateurs via Internet.

> ➤ Exemple : Instagram est une application de médias sociaux axée sur les images et les vidéos. Elle permet aux utilisateurs de partager des photos et des clips vidéo, d'interagir avec les publications d'autres utilisateurs via des likes, des commentaires et des messages directs, et de suivre les comptes de célébrités, d'amis et de créateurs de contenu.

❖ **Bénéfices spécifiques (ou avantages spécifiques)** : dans le contexte du copywriting, se réfère aux caractéristiques particulières d'un produit, d'un service ou d'une offre qui répondent de manière directe et ciblée aux besoins, aux désirs ou aux problèmes d'un public cible. Plutôt que de mettre en avant des avantages généraux, les bénéfices spécifiques se concentrent sur des aspects précis et concrets qui ont une valeur spéciale pour le consommateur.

➢ Exemple : Imaginez un copywriting pour un casque audio haut de gamme :

- Avantage général : « Qualité sonore exceptionnelle. »
- Bénéfice spécifique : « *Plongez au cœur de la musique avec une qualité sonore cristalline qui révèle chaque nuance de vos morceaux préférés. Découvrez des basses profondes, des aigus cristallins et une annulation de bruit active pour une expérience sonore incomparable, que vous soyez dans les transports en commun ou chez vous.* »

Dans cet exemple, l'avantage général est la « qualité sonore exceptionnelle », mais le bénéfice spécifique est ce que cette qualité signifie pour le client : une immersion musicale inégalée, la clarté du son, la suppression du bruit, et l'adaptabilité aux différents environnements. Cela rend le produit plus attrayant en mettant en évidence les avantages spécifiques qui répondent aux besoins et aux préférences du public cible.

❖ **Produits physiques** : dans le contexte du commerce en ligne, font référence à des articles tangibles, concrets et matériels qui peuvent être expédiés et livrés physiquement à un client. Il s'agit de biens matériels que les consommateurs peuvent toucher, tenir et utiliser dans le monde réel. Les produits physiques sont le contraire des produits numériques ou des services en ligne, qui sont livrés sous forme de fichiers téléchargeables ou d'accès en ligne.

➢ Exemple : Prenons l'exemple d'une boutique en ligne d'équipement de camping : tentes, sacs de couchage, couteaux multifonctions, etc…

❖ **Tunnel de vente** : un tunnel de vente, également appelé **entonnoir de conversion**, est une série d'étapes stratégiquement conçues dans le processus de marketing en ligne visant à guider les visiteurs d'un site web à travers différentes phases, de la prise de conscience initiale d'un produit ou service à l'achat final. L'objectif principal d'un tunnel de vente est d'optimiser la conversion des visiteurs en clients payants en les conduisant de manière efficace à travers chaque étape du processus d'achat.

> ➢ Exemple : imaginons une entreprise qui vend des formations en ligne sur la photographie. Voici comment son tunnel de vente pourrait être structuré :
>
> > ■ Prise de conscience : Les visiteurs découvrent le site web de l'entreprise via des publicités sur les réseaux sociaux ou une recherche en ligne. À cette étape, l'objectif est de susciter l'intérêt pour les formations en photographie.
> >
> > ■ Intérêt : Une fois sur le site web, les visiteurs sont incités à s'inscrire à une newsletter ou à télécharger un guide gratuit sur les bases de la photographie. Cela permet de collecter leurs informations de contact.
> >
> > ■ Considération : Les visiteurs reçoivent des séries d'emails informatifs, des témoignages de clients satisfaits et des offres spéciales sur les formations en photographie. L'objectif est de les convaincre que ces formations sont précieuses et adaptées à leurs besoins.
> >
> > ■ Conversion : Certains visiteurs décident d'acheter une formation en photographie. Ils sont dirigés vers une page de paiement sécurisée où ils effectuent leur achat.
> >
> > ■ Après-vente : Après l'achat, les clients reçoivent des emails de confirmation, des informations sur l'accès à leur formation et

des incitations à laisser des avis positifs ou à recommander les cours à d'autres.

Ce processus représente un exemple de tunnel de vente pour une entreprise de formation en ligne. Il est conçu pour maximiser la conversion des visiteurs en clients tout en fournissant une expérience utilisateur fluide et pertinente à chaque étape du parcours.

❖ **Engagement** : dans le contexte du copywriting, l'engagement se réfère à la capacité d'un texte, d'un contenu ou d'un message à captiver l'attention du lecteur ou de l'audience cible de manière à maintenir leur intérêt et à les inciter à continuer de lire, d'écouter ou de s'engager davantage avec le contenu. Cela implique souvent d'utiliser des techniques persuasives, narratives ou émotionnelles pour maintenir l'intérêt du lecteur et l'encourager à prendre une action souhaitée, comme acheter un produit, s'abonner à une newsletter ou partager le contenu sur les réseaux sociaux.

➢ Exemple : imaginons que vous rédigiez un article de blog pour promouvoir un guide sur la gestion du stress. Vous souhaitez que les lecteurs s'engagent avec votre contenu et finissent par télécharger votre guide.

Voici comment vous pourriez susciter l'engagement :

■ <u>Titre engageant</u> : Utilisez un titre accrocheur comme « *Découvrez les 10 stratégies infaillibles pour réduire votre stress instantanément* ».
■ <u>Introduction captivante</u> : Commencez par une anecdote ou une statistique choquante sur le

stress pour susciter l'intérêt immédiat des lecteurs.

- ■ Contenu informatif : Fournissez des informations utiles et des conseils pratiques pour gérer le stress tout au long de l'article, en gardant le lecteur engagé.
- ■ Appels à l'action incitatifs : Intégrez des appels à l'action persuasifs tout au long de l'article, tels que « *Téléchargez notre guide complet gratuit sur la gestion du stress maintenant pour des résultats immédiats* ».
- ■ Histoires inspirantes : Partagez des histoires de personnes qui ont utilisé avec succès vos techniques pour réduire leur stress, ce qui peut inspirer les lecteurs à s'engager davantage.

L'objectif principal de ces éléments est de maintenir l'engagement des lecteurs tout au long de l'article, de répondre à leurs besoins et de les inciter à agir en téléchargeant le guide sur la gestion du stress.

- ❖ **Marketplace** : dans le contexte du marketing en ligne, une marketplace est une plateforme numérique qui permet à plusieurs vendeurs indépendants de proposer leurs produits ou services à un large public de consommateurs. Ces plateformes agissent comme des intermédiaires entre les vendeurs et les acheteurs, fournissant un espace où les produits ou services peuvent être affichés, recherchés et achetés.

  - ➢ Exemple : l'un des exemples les plus connus de marketplace en ligne est Amazon. Sur Amazon, des milliers de vendeurs tiers peuvent créer des listes de produits pour vendre leurs articles, tandis qu'Amazon gère la plateforme, le traitement des paiements, la logistique (par le biais d'Amazon FBA), et fournit également un large public d'acheteurs.

Les acheteurs peuvent visiter Amazon, rechercher des produits, comparer les prix et les évaluations, puis effectuer un achat en utilisant la plateforme Amazon. Les vendeurs bénéficient de l'exposition aux millions de clients potentiels d'Amazon et de la facilité d'utilisation de la plateforme pour vendre leurs produits.

D'autres exemples de marketplaces en ligne incluent eBay, Etsy (pour les produits faits main et vintage), Airbnb (pour les locations de logements) et Upwork (pour les services freelance). Ces plateformes offrent des avantages tant aux vendeurs qu'aux acheteurs en créant un environnement où la découverte, la comparaison et la transaction sont facilitées.

❖ **Newsletter** : dans le contexte du marketing en ligne, une newsletter est un bulletin d'information électronique périodique envoyé par email à un groupe de personnes qui se sont inscrites ou abonnées pour la recevoir. Les newsletters sont utilisées par les entreprises, les organisations, les blogueurs et d'autres entités pour communiquer avec leur public cible, généralement à des fins de marketing, d'information ou de fidélisation de la clientèle.

➢ Exemple : imaginons une entreprise de mode en ligne appelée « FashionForward ». Cette entreprise souhaite maintenir un lien étroit avec ses clients et les tenir informés des dernières tendances, des promotions, des offres spéciales et des conseils de style. Pour ce faire, FashionForward propose une newsletter mensuelle à laquelle les visiteurs de leur site Web peuvent s'abonner.

Chaque mois, FashionForward compile les dernières nouvelles de l'industrie de la mode, les présente dans un format attrayant avec des images de produits et envoie la newsletter par email à sa liste d'abonnés. Les abonnés peuvent alors parcourir la newsletter pour découvrir les nouveaux articles disponibles, les réductions en cours et les informations sur les tendances de la mode. Ils peuvent également cliquer sur des liens pour accéder directement au site Web de FashionForward et effectuer des achats.

La newsletter de FashionForward est un outil de marketing efficace pour fidéliser ses clients existants et encourager les ventes récurrentes en maintenant une communication constante avec son public.

❖ **Audience** : dans le contexte du copywriting, une audience désigne le groupe spécifique de personnes que vous ciblez avec votre message publicitaire ou votre contenu écrit. Cette audience est généralement définie en fonction de caractéristiques démographiques, comportementales, psychographiques ou géographiques qui la rendent pertinente pour votre produit ou service. Comprendre votre audience est essentiel pour créer un contenu persuasif et adapté qui résonne avec elle.

➢ Exemple : prenons l'exemple d'une entreprise qui vend des équipements de camping haut de gamme. Leur audience cible pourrait être définie comme suit :
  ▪ Démographique : Les personnes âgées de 25 à 45 ans, principalement des hommes, avec un revenu annuel supérieur à 60 000 euros.
  ▪ Comportemental : Les amateurs de plein air, les campeurs réguliers et les adeptes de voyages d'aventure.
  ▪ Psychographique : Ceux qui valorisent la qualité, l'authenticité et l'expérience en plein air, plutôt que le camping bon marché.
  ▪ Géographique : Les résidents de zones géographiques propices au camping en plein

air, comme les régions montagneuses ou forestières.

En comprenant cette audience, l'entreprise de camping peut rédiger des copies publicitaires et créer du contenu qui met en avant les caractéristiques haut de gamme de ses produits, en mettant l'accent sur la durabilité, la performance et l'expérience de plein air de qualité. Cette approche ciblée permet d'attirer et de convaincre plus efficacement les personnes susceptibles d'être intéressées par leurs produits.

Attention : votre audience (ou public cible) n'est pas forcément votre avatar client ! Mais en général, votre avatar client se trouve dans votre audience.

* **Connexion émotionnelle** : dans le contexte du copywriting, une connexion émotionnelle se réfère à la capacité d'un texte ou d'un contenu écrit à établir un lien profond et authentique avec le lecteur en suscitant des émotions fortes et positives. L'objectif de la connexion émotionnelle est de créer une résonance avec les sentiments, les expériences ou les aspirations du lecteur, ce qui renforce l'impact du message et favorise l'engagement et la confiance.

  > Exemple : imaginons que vous rédigiez une page de vente pour une association caritative qui collecte des fonds pour aider les enfants défavorisés dans le besoin. Plutôt que de simplement énumérer des statistiques et des faits sur le nombre d'enfants touchés, vous pourriez utiliser une connexion émotionnelle pour susciter l'implication du lecteur.

Vous pourriez raconter l'histoire inspirante d'un enfant bénéficiaire de l'association, décrivant ses difficultés initiales, mais aussi les progrès et les opportunités qu'il a connus grâce à l'aide de l'association. Vous pourriez décrire les émotions du lecteur en utilisant des mots tels que « *espoir* », « *compassion* » et « *solidarité* ». Cette narration émotionnelle permettrait aux lecteurs de se sentir directement impliqués dans la cause, suscitant ainsi un soutien financier ou une action de leur part.

La connexion émotionnelle dans le copywriting est un outil puissant pour engager les lecteurs et les inciter à prendre des mesures, qu'il s'agisse d'acheter un produit, de faire un don, de s'abonner à une newsletter ou de partager du contenu. Elle repose sur la capacité à comprendre et à exploiter les émotions humaines de manière éthique pour atteindre des objectifs spécifiques.

- ❖ **Proposition de valeur** : dans le contexte du copywriting, une proposition de valeur est une déclaration concise et persuasive qui met en évidence les avantages et les bénéfices que le produit, le service ou l'offre apporte au client ou à l'utilisateur. Elle répond à la question fondamentale que se pose le client potentiel : « Pourquoi devrais-je choisir ce produit ou service plutôt qu'un autre ? ».

  - ➢ Exemple : imaginons que vous écriviez la copie pour une application de fitness en ligne. La proposition de valeur de cette application pourrait être formulée comme suit :

« *Transformez votre vie avec notre application de fitness révolutionnaire. Obtenez un accès illimité à des séances d'entraînement de classe mondiale, des plans nutritionnels personnalisés et un suivi de vos progrès en temps réel. Atteignez vos objectifs de remise en forme plus rapidement, plus facilement et avec un soutien continu de notre communauté passionnée de membres. Faites le choix de la santé et du bien-être avec notre application.* »

LE COPYWRITING HÉROÏQUE

Dans cet exemple, la proposition de valeur met en évidence les avantages clés tels que l'accès illimité, les plans personnalisés, le suivi des progrès et le soutien communautaire. Elle vise à convaincre le client potentiel que cette application offre une valeur supérieure par rapport à d'autres options sur le marché, en répondant à ses besoins et à ses désirs en matière de fitness.

Une proposition de valeur efficace doit être concise, spécifique et claire pour que le lecteur comprenne immédiatement ce qu'il peut attendre du produit ou du service et pourquoi il devrait l'adopter. Elle constitue un élément essentiel de la stratégie de copywriting pour persuader les clients potentiels de prendre une décision favorable.

Chapitre 2 : L'avatar client : Votre guide suprême

❖ **Avatar client** : dans le contexte du copywriting et du marketing, un avatar client (ou persona client) est une représentation fictive et détaillée du client idéal d'une entreprise ou d'une marque. Cet avatar est basé sur des données démographiques, comportementales et psychographiques réelles ou supposées des clients potentiels. Il s'agit d'une technique de segmentation et de ciblage marketing visant à mieux comprendre et à créer du contenu spécifiquement adapté à un public particulier.

  ➢ Exemple : imaginons que vous travaillez pour une entreprise qui vend des vélos électriques haut de gamme. Voici à quoi pourrait ressembler l'avatar client pour cette entreprise :

    ■ <u>Nom</u> : Sarah
    ■ <u>Âge</u> : 35 ans
    ■ <u>Localisation</u> : Urbaine, vit dans une grande ville
    ■ <u>Profession</u> : Consultante en marketing digital
    ■ <u>Revenu</u> : Moyen à élevé
    ■ <u>Intérêts</u> : Mode de vie durable, fitness, voyages
    ■ <u>Défis</u> : Se déplacer en ville de manière écologique, rester en forme tout en travaillant à temps plein

En créant cet avatar client, l'entreprise peut personnaliser sa stratégie de marketing et de copywriting pour mieux répondre aux besoins et aux préoccupations spécifiques de Sarah.

Par exemple, ils pourraient créer des messages de marketing mettant en avant les avantages écologiques et pratiques des vélos électriques pour les déplacements en ville, ainsi que des offres spéciales adaptées à son budget.

L'avatar client est un outil puissant pour créer du contenu marketing plus pertinent et persuasif, car il permet de parler directement aux besoins et aux désirs d'une audience spécifique. Cela aide également à mieux cibler les efforts marketing, à améliorer les taux de conversion et à fidéliser les clients.

❖ **Taux de conversion** : dans le contexte du copywriting et du marketing, le taux de conversion se réfère à la mesure du nombre de visiteurs d'un site web, de lecteurs d'un email ou de prospects qui effectuent une action souhaitée, telle que l'achat d'un produit, l'inscription à une newsletter, le téléchargement d'un livre électronique, etc. Ce taux est généralement exprimé en pourcentage.

➢ Exemple : prenons l'exemple d'un site web de commerce électronique qui vend des chaussures. Si 1 000 personnes visitent le site et que 50 d'entre elles effectuent un achat, le taux de conversion pour cette période donnée serait de (50 / 1 000) * 100, soit 5 %. Cela signifie que 5 % des visiteurs du site ont effectué un achat.

Dans le cadre du copywriting, le rôle du texte est de persuader les visiteurs du site ou les lecteurs d'un email à effectuer une action spécifique, comme acheter un produit. Un bon copywriting vise à améliorer le taux de conversion en utilisant des techniques persuasives, des appels à l'action clairs et attrayants, ainsi qu'en créant un contenu engageant qui répond aux besoins et aux désirs du public cible.

Un taux de conversion élevé est généralement un indicateur de l'efficacité d'une stratégie de copywriting et de marketing, car il montre que le texte parvient à convaincre les visiteurs de prendre des mesures, ce qui peut contribuer à la croissance des ventes et à l'atteinte des objectifs de l'entreprise.

Chapitre 3 : Le voyage du héros : La structure épique du copywriting

❖ **Appel à l'action (Call to action - CTA)** : dans le contexte du copywriting, un appel à l'action (ou CTA en anglais, pour Call to action) est une phrase ou une instruction formulée de manière à encourager le lecteur, le visiteur d'un site web ou le destinataire d'un contenu à effectuer une action spécifique. Les CTA sont utilisés pour inciter le public à prendre des mesures qui correspondent aux objectifs de la communication, tels que l'achat d'un produit, l'inscription à une newsletter, le partage d'un contenu sur les réseaux sociaux, etc.

➤ Exemple : imaginons que vous lisiez un article de blog sur un site web qui parle de l'importance de la remise en forme. À la fin de l'article, vous pourriez rencontrer un CTA formulé comme suit : « *Inscrivez-vous dès maintenant à notre newsletter gratuite pour recevoir des conseils de fitness exclusifs directement dans votre boîte de réception !* ». Dans cet exemple, l'appel à l'action est « *Inscrivez-vous dès maintenant à notre newsletter gratuite* » et l'objectif est d'inciter le lecteur à s'inscrire à la newsletter.

Les CTA sont un élément essentiel du copywriting, car ils dirigent le lecteur vers une action spécifique, maximisant ainsi les chances de conversion. Pour être efficaces, les CTA doivent être clairs, directs et attrayants. Ils peuvent être présentés sous forme de boutons, de liens hypertextes ou de phrases d'incitation à la fin d'un contenu, et ils doivent correspondre au message global du texte tout en incitant à l'action souhaitée.

❖ **Storytelling** : dans le contexte du copywriting, le storytelling est l'art de raconter une histoire de manière persuasive pour captiver l'attention du public, créer une connexion émotionnelle et transmettre un message de manière mémorable. Il s'agit d'utiliser des éléments narratifs tels que des personnages, des situations, des conflits et des résolutions pour présenter un produit, un service ou une idée d'une manière engageante.

> ➢ Exemple : imaginons que vous rédigiez une page de vente pour un produit de fitness. Au lieu de simplement énumérer les caractéristiques du produit, vous pouvez utiliser le storytelling pour créer une histoire persuasive.

Par exemple :

« Rencontrez Sarah, une mère active de deux enfants qui se sentait constamment épuisée et dépassée. Elle rêvait de retrouver sa forme physique d'antan, mais elle ne savait pas par où commencer. Un jour, elle a découvert notre programme de remise en forme révolutionnaire. À travers des séances d'entraînement amusantes et des conseils nutritionnels simples, Sarah a commencé son voyage vers une vie plus saine. Au fil des semaines, elle a retrouvé son énergie, sa confiance en elle et son sourire. Aujourd'hui, elle inspire sa famille et ses amis à rejoindre cette aventure vers une vie plus active. Si Sarah peut le faire, vous le pouvez aussi. Rejoignez notre programme et commencez votre propre histoire de transformation. »

Dans cet exemple, le storytelling présente Sarah comme un personnage principal, expose son défi initial, sa transformation grâce au produit, et invite le lecteur à se joindre à cette histoire de réussite. Le storytelling rend le message plus convaincant et émotionnellement engageant, ce qui peut inciter davantage de lecteurs à agir.

Chapitre 4 : La force AIDA : Le pouvoir de convaincre

❖ **Liste d'emails** : dans le contexte du copywriting et du marketing, une liste d'emails fait référence à une collection organisée d'adresses électroniques d'individus ou de clients potentiels qui ont exprimé leur intérêt pour un produit, un service ou une entreprise. Cette liste est souvent utilisée pour envoyer des courriers électroniques promotionnels, des newsletters, des offres spéciales et d'autres communications marketing dans le but d'engager et de convertir les abonnés en clients.

> ➢ Exemple : supposons que vous dirigez une entreprise de vente de produits de bien-être en ligne. Vous avez mis en place un site web où les visiteurs peuvent s'inscrire à une liste d'emails pour recevoir des informations sur vos produits, des conseils de bien-être et des offres spéciales. Chaque personne qui s'inscrit fournit son adresse électronique volontairement.

Une fois que vous avez développé une liste d'emails significative, vous pouvez utiliser le copywriting pour rédiger des courriers électroniques persuasifs qui mettent en avant vos produits, résolvent les problèmes des destinataires et les encouragent à effectuer un achat.

Par exemple, vous pourriez envoyer un courrier électronique avec un appel à l'action convaincant pour une promotion spéciale sur vos compléments alimentaires, en expliquant les avantages pour la santé de ces produits et en fournissant un lien direct vers votre site web pour l'achat.

Chapitre 5 : Les secrets du soap opera : Émotion, intrigue et vente

❖ **Bonus** : dans le contexte du copywriting, un bonus se réfère à un ajout supplémentaire ou à un avantage offert aux clients ou aux acheteurs en plus du produit ou du service principal. Les bonus sont utilisés pour rendre une offre plus attrayante, augmenter la valeur perçue et inciter les prospects à prendre une décision d'achat.

> ➤ Exemple : imaginez que vous rédigiez une page de vente pour un cours en ligne sur la photographie. Vous pourriez inclure des bonus pour rendre l'offre plus séduisante, tels que :
>
> > ▪ Un livre électronique gratuit sur les bases de la retouche photo.
> > ▪ Un accès exclusif à un groupe de discussion en ligne pour poser des questions et partager des astuces avec d'autres photographes.
> > ▪ Une séance de coaching individuelle de 30 minutes avec un photographe professionnel.
> > ▪ Des modèles de contrat pour les photographes indépendants.

Ces bonus complémentaires offrent une valeur supplémentaire aux acheteurs, les incitant à choisir ce cours par rapport à d'autres options. Ils renforcent également la perception de l'offre en tant que « deal » avantageux.

❖ **Cliffhangers** : dans le contexte du copywriting et de la narration, un cliffhanger (terme anglais signifiant littéralement « suspendu à un précipice ») désigne une technique de rédaction utilisée pour susciter l'anticipation, l'excitation et l'intérêt du lecteur ou du spectateur en interrompant brusquement le récit à un moment crucial ou palpitant, généralement au bord d'un événement crucial ou d'un dénouement important. L'objectif du cliffhanger est de maintenir l'attention du public et de l'inciter à poursuivre la lecture ou à rester engagé dans l'histoire pour découvrir ce qui se passe ensuite.

> Exemple : imaginons que vous écriviez une page de vente pour un cours en ligne sur la résolution de problèmes mathématiques complexes. Plutôt que de révéler immédiatement toutes les informations sur le cours, vous pourriez utiliser un cliffhanger à la fin de la section d'introduction pour susciter l'intérêt du lecteur.

Par exemple :

« Imaginez que vous ayez le pouvoir de résoudre des équations mathématiques qui ont défié des générations d'étudiants. Vous êtes sur le point de découvrir la technique secrète qui peut vous transformer en un véritable génie des mathématiques. Mais avant de plonger dans cette aventure intellectuelle, laissez-moi vous raconter l'histoire incroyable de l'étudiant qui a découvert cette méthode révolutionnaire, et comment elle a changé sa vie du tout au tout. Préparez-vous pour un voyage épique vers la maîtrise des mathématiques, mais d'abord, laissez-moi vous raconter cette histoire inspirante… »

Le paragraphe final crée un cliffhanger en promettant une histoire intrigante à venir, incitant ainsi les lecteurs à continuer à lire pour en savoir plus. Cette technique peut être particulièrement efficace pour maintenir l'engagement des lecteurs dans un texte de copywriting ou dans n'importe quel récit narratif.

Chapitre 6 : Le copywriting pour tous les business

❖ **Preuves sociales** : dans le contexte du copywriting, les preuves sociales font référence à l'utilisation d'éléments tangibles, de témoignages ou d'indicateurs pour démontrer la valeur ou la crédibilité d'un produit, d'un service ou d'une offre. L'objectif principal des preuves sociales est de rassurer les lecteurs ou les prospects en montrant que d'autres personnes ont déjà bénéficié de l'offre et en leur donnant ainsi davantage confiance pour prendre une décision d'achat ou d'engagement.

> ➤ Exemple : imaginons que vous écriviez un texte de copywriting pour promouvoir un programme de remise en forme en ligne. Vous pouvez inclure des preuves sociales de différentes manières :
>
> > ■ Témoignages de clients satisfaits : Vous pouvez citer des commentaires de personnes ayant suivi avec succès le programme de remise en forme. Par exemple : « *Jeanne a perdu 10 kilos en seulement trois mois grâce à notre programme de remise en forme.* »
> >
> > ■ Évaluations et notes élevées : Si votre programme a reçu d'excellentes évaluations ou notes sur des plateformes d'avis en ligne comme Trustpilot ou Google, vous pouvez les afficher pour renforcer la confiance. Par exemple : « *Nos clients nous ont attribué une note de 4,9 étoiles sur 5 pour nos résultats impressionnants.* »
> >
> > ■ Statistiques d'utilisateurs : Si vous avez un grand nombre d'inscrits ou de clients satisfaits, vous pouvez le mentionner. Par exemple : « *Plus de 100 000 personnes ont*

déjà transformé leur vie grâce à notre programme. »

- Images ou vidéos avant/après : Afficher des photos ou des vidéos de clients avant et après leur transformation physique est une forme visuelle puissante de preuve sociale. Par exemple : « *Regardez ces photos incroyables de nos clients avant et après avoir suivi notre programme.* »

En intégrant ces éléments de preuve sociale dans votre texte de copywriting, vous donnez aux lecteurs des raisons objectives de faire confiance à votre offre et de s'engager, ce qui peut augmenter significativement les taux de conversion et les ventes.

Chapitre 7 : Les secrets du copywriting à succès : Techniques avancées

❖ **Biais psychologiques** : dans le domaine de la psychologie, les biais psychologiques font référence à des schémas de pensée systématiques et prévisibles qui peuvent entraîner des jugements et des décisions déviants de la rationalité ou de l'objectivité. Ces biais sont le résultat de processus mentaux automatiques et inconscients qui peuvent influencer la perception, la mémoire, le raisonnement et la prise de décision des individus.

> ➤ Exemple : un exemple courant de biais psychologique est le biais de confirmation. Ce biais se produit lorsque quelqu'un accorde une plus grande importance ou accorde plus de crédibilité à des informations qui confirment ses croyances ou ses opinions préexistantes, tout en ignorant ou en minimisant les informations contradictoires.

Par exemple, supposons que quelqu'un ait une opinion politique très forte en faveur d'un parti politique particulier. Lorsqu'il lit des articles de presse ou écoute des commentaires politiques, il peut être plus enclin à prêter attention aux informations qui soutiennent ses propres opinions politiques et à ignorer ou à discréditer les informations qui contredisent ses croyances.

Dans ce cas, le biais de confirmation peut entraîner une distorsion de la perception de la réalité, car la personne peut être moins ouverte à considérer des points de vue différents ou des faits contradictoires. Ce biais peut influencer les prises de décision, les comportements et les interactions sociales, et il est important de s'en rendre compte pour prendre des décisions plus éclairées et plus objectives.

Chapitre 9 : Les secrets de la page de vente parfaite

❖ **Call-Out (ou Appel du Pied)** : en copywriting, un call-out est une technique qui consiste à attirer l'attention du lecteur sur un élément spécifique d'un texte, généralement en utilisant une mise en forme différente, telle que la mise en gras, l'italique, la couleur, la police de caractères ou un encadré. L'objectif principal d'un call-out est de faire en sorte que l'élément sélectionné soit bien visible et saute aux yeux du lecteur, de manière à le rendre plus mémorable et à renforcer le message ou l'offre que l'on souhaite mettre en avant.

➢ Exemple : imaginez un site web qui vend des produits de beauté, et sur la page d'accueil, vous voyez le texte suivant :

« Obtenez une peau radieuse en 7 jours avec notre nouveau sérum miracle. »

Dans cet exemple, « *Obtenez une peau radieuse en 7 jours* » est le call-out. Il attire l'attention du lecteur en mettant en avant le principal avantage du produit, c'est-à-dire l'amélioration de la peau en une semaine. Ce texte est souvent mis en évidence visuellement pour que le lecteur le remarque immédiatement lorsqu'il arrive sur la page, ce qui peut susciter son intérêt et l'inciter à en savoir plus sur le produit.

Le call-out est un outil précieux en copywriting pour mettre en avant les points forts d'un produit ou d'un service et pour guider l'attention du lecteur vers les informations les plus importantes d'un message promotionnel.

Chapitre 10 : Copywriting Héroïque : La suite

❖ **Cross-Sell (ou Vente Croisée)** : en copywriting et dans le domaine du marketing, le cross-sell (vente croisée) est une technique qui consiste à proposer à un client qui a déjà effectué un achat de compléter sa commande en ajoutant un produit ou un service connexe. L'objectif du cross-sell est d'augmenter la valeur de la transaction en incitant le client à acheter davantage, généralement en offrant quelque chose qui améliore ou complète ce qu'il a déjà acheté.

> ➤ Exemple : supposons qu'un client achète un nouvel ordinateur portable sur un site web de vente en ligne. Après avoir ajouté l'ordinateur portable à son panier et passé à la caisse, le site pourrait utiliser une technique de cross-sell en affichant un message tel que :

« Vous avez déjà choisi un excellent ordinateur portable ! Vous pourriez également être intéressé par ces accessoires populaires pour améliorer votre expérience : un étui de protection, une souris sans fil et un pack d'antivirus. Ajoutez-les à votre commande pour une utilisation optimale de votre nouvel ordinateur. »

Dans cet exemple, l'entreprise utilise le cross-sell pour proposer des produits complémentaires à l'achat initial de l'ordinateur portable. Le client est ainsi incité à dépenser plus en ajoutant ces articles supplémentaires à sa commande.

Le cross-sell est une stratégie efficace pour augmenter le panier moyen des clients et maximiser les revenus, tout en offrant aux clients des options supplémentaires qui peuvent améliorer leur expérience ou répondre à leurs besoins connexes. En copywriting, il s'agit de présenter ces offres de manière persuasive pour inciter les clients à les accepter.

❖ **Up-Sell (ou Vente Incitative)** : en copywriting et dans le domaine du marketing, l'up-sell (vente incitative) est une stratégie qui consiste à proposer à un client un produit ou un service de gamme supérieure, plus cher ou offrant davantage de fonctionnalités que celui qu'il avait initialement l'intention d'acheter. L'objectif principal de l'up-sell est d'augmenter la valeur de la transaction en encourageant le client à dépenser davantage que ce qu'il avait prévu initialement.

> Exemple : imaginons qu'un client envisage d'acheter un smartphone d'une gamme de prix moyenne sur un site web de vente en ligne. Après avoir sélectionné ce smartphone et l'avoir ajouté au panier, le site pourrait utiliser une technique d'up-sell en proposant une version améliorée de ce même smartphone, avec des fonctionnalités supplémentaires, une capacité de stockage plus importante et un écran de meilleure qualité. Le message pourrait être formulé ainsi :

« Vous avez choisi un excellent smartphone, mais avez-vous envisagé notre modèle premium ? Il offre une capacité de stockage double, une caméra améliorée et un écran plus grand pour une expérience utilisateur exceptionnelle. Passez à notre modèle premium pour seulement XX euros de plus et profitez des avantages supplémentaires. »

Dans cet exemple, l'entreprise utilise l'up-sell pour inciter le client à dépenser davantage en optant pour le modèle premium du smartphone. Le client est ainsi tenté de passer à une option plus coûteuse en raison des avantages supplémentaires qui lui sont présentés.

L'up-sell est une stratégie couramment utilisée pour augmenter la valeur moyenne des transactions, générer plus de revenus par client et proposer des options supérieures qui peuvent mieux répondre aux besoins du client. En copywriting, il est essentiel de présenter l'up-sell de manière persuasive en mettant en avant les avantages et la valeur ajoutée du produit ou du service de gamme supérieure.

www.ingramcontent.com/pod-product-compliance
Lightning Source LLC
Chambersburg PA
CBHW070900290526
45795CB00001B/189